KW-364-306

NOUS ÉTIONS L'AVENIR

"Lettres hébraïques"
série dirigée par Rosie Pinhas-Delpuech

© photos : Yehoshua Shoshan/archives privées Yaël Neeman

Titre original :
Hayinou Ha'atid
Éditeurs originaux :
Achuzat Bayit Publishing House et Miskal Books Chemed
et Ahronoth Yedioth Books, Tel Aviv
© Yaël Neeman, 2011

© ACTES SUD, 2015
pour la traduction française
ISBN 978-2-330-04877-8

YAËL NEEMAN

Nous étions l'avenir

récit traduit de l'hébreu par Rosette Azoulay
avec la collaboration de Rosie Pinhas-Delpuech

ACTES SUD

1

Notre histoire, nous nous la racontions tout le temps. Compulsivement. Nous la connaissions par cœur. Parfois, fatigués avant même d'avoir commencé, nous en parlions pendant des heures. Nous nous écoutions attentivement, car chaque soir le récit se renouvelait, de nouveaux détails nous étaient révélés, des années après notre départ.

Par exemple, nous ne savions pas qu'une partie des enfants du groupe Oren, qui veut dire "pin" – ils étaient de cinq ans nos aînés – avait travaillé avec les vachers et vécu dans l'enclave du village hongrois de notre kibboutz* *(meshek)*. Nous ne savions pas que le mot "Lopès" (bite de cheval) était utilisé pour dire "bonjour" et "bonsoir". Nous ne savions pas qu'Itaï du groupe Oren avait parcouru sans problème nos collines à dos de jument, alors qu'il n'avait que six ans.

Ces récits ne se transmettaient qu'oralement, contrairement aux règlements qui, eux, étaient écrits. Ils filtraient à travers les dispositifs d'arrosage de la pelouse autour de la salle à manger par les fentes de notre forteresse des Croisés, les rainures des beaux trottoirs de pierre étroits. Nous racontions

* Voir glossaire.

nos histoires les yeux brillants. Nous disions : C'est incroyable, on abattait sous nos yeux les vaches sur la *rampe*, on tordait le cou aux poulets comme rien, mais nous en parlions comme de nos belles années.

Et c'étaient vraiment de belles années baignées d'or. Parce que nous vivions dans la température glaciale et brûlante d'un soleil éternel. Nous étions tendus par la curiosité devant chaque jour nouveau, en éveil du matin au soir. Nous courions, sautions, les mains poisseuses de la résine des pins et du lait des figuiers. Si proches les uns des autres jour et nuit, nous ne savions pourtant rien de nous.

Par les nuits de lune rousse, nous racontions déjà, dans la maison d'enfants. Nous racontions jour et nuit, pour dormir, pour ne pas dormir, assis dans le couloir devant les chambres ou sur les lits, en exagérant les vacances en ville avec nos familles biologiques (père, mère, et frères. Pendant toute une semaine, nous étions une famille de la ville, vêtus des vêtements de voyage et de fête qui servaient à tous les enfants allant en ville). En revenant de l'appartement que le kibboutz possédait rue Shenkin à Tel-Aviv, nous parlions du cirque Médrano où chacun de nous allait. Mais ce soir-là, la représentation à laquelle nous avions assisté avec notre famille biologique avait été exceptionnelle, les lions s'étaient échappés de leur cage, des acrobates étaient tombés de leur trapèze, c'est ce que nous disions. Nous nous racontions des histoires qui n'avaient aucun rapport avec la réalité.

Après notre départ du kibboutz, nous avons parfois essayé de raconter notre histoire aux gens de la ville. Nous ne parvenions à en faire passer ni la saveur ni la tonalité. Notre voix discordante, comme la flûte à bec de notre enfance, sonnait faux. Nous abandonnions au milieu du récit, nos mots tombaient à plat entre nous et ceux de la ville, comme les yeux de nos mères baissés sur leur tricot, silencieuses pendant que les hommes débattaient à la réunion du kibboutz, la *siha*.

Nous parlions au pluriel. C'est ainsi que nous sommes nés et avons grandi depuis l'hôpital, et une fois pour toutes. Notre horizon était étrange et distordu.

À notre sortie de la maternité, on n'essayait pas de nous différencier. Au contraire, on nous collait, on nous soudait ensemble.

Mais cette soudure n'était pas l'essentiel, même si parfois elle semble l'être quand les gens évoquent leur enfance au kibboutz. Elle n'était que la conséquence d'une expérience de vie socialiste. (La décision de faire dormir les enfants ensemble fut prise en 1918 et appliquée dans tous les kibboutzim, sauf les plus anciens. Degania 1, Degania 2 et Ein Harod s'y opposèrent et on leur accorda la dérogation. Ils étaient là bien avant les règlements.)

L'intention n'était pas tant de souder que de séparer, de soustraire les enfants à la lourde emprise des parents, à leurs caresses, aux désirs qu'ils imposeraient à leurs enfants avec le lait de la mère et les ambitions du père. Séparer et protéger les enfants de la nature bourgeoise de la famille. On détruirait les fondements du vieux monde, et tel le phénix, un monde nouveau, juste et égalitaire, naîtrait de ses cendres. Telle était l'intention avouée, l'espoir d'un enfant nouveau, qui s'épanouirait en un homme nouveau. La nostalgie exprimée par une partie des enfants pour une famille qu'ils n'avaient pas était abstraite, comme la nostalgie des Juifs de la diaspora pour Jérusalem, par exemple.

J'étais en CE1 quand j'ai vu pour la première fois un adulte en pyjama. Mon père s'était endormi pendant le tour de garde de l'après-midi. Nous allions tous les jours les voir dans leur appartement, de cinq heures et demie à sept heures vingt, la visite durait une heure et cinquante minutes (et ce, jusqu'en classe de cinquième où on nous a expédiés à l'institut d'Evron). Ce jour-là, j'étais entrée chez eux à cinq heures et demie, sans frapper (on ne frappait jamais, nos portes étaient ouvertes vingt-quatre heures sur vingt-quatre, il n'y avait rien à cacher, les maisons étaient propriété commune, et non propriété bourgeoise à protéger et à verrouiller). Mon père dormait dans son lit en pyjama. Frappée de stupeur, je m'étais précipitée dehors en criant que mon papa était mort. Il est mort. Quelqu'un m'a vue sur le trottoir et, effrayé, est venu vérifier. Zvi N. n'est pas mort, Zvi dort. C'est donc à cela que ressemblent les adultes qui dorment : ils portent un pyjama géant, ils sont allongés en silence sur leur lit, sous une couverture en piqué, le visage face au mur et ils nous tournent le dos.

Notre histoire ne se composait en apparence que de faits. Ces faits formaient un système qui ne convenait ni aux enfants ni aux adultes. Nos parents vivaient aux marges du système, nous vivions au-dessous, personne ne vivait en son cœur. Le système n'était pas destiné à la vie réelle d'êtres humains mais à concrétiser leurs aspirations et leurs rêves. Pourtant nos parents et nous tentions de toutes nos forces de le vivre, car telle était l'expérience. Il était impossible de vivre conformément à notre système. Nous le craignions, nous savions que nous n'y arriverions jamais. Nous le servions jour et nuit, les anciens (nos parents) durant les centaines de jours de congé accumulés, le fruit d'un travail incessant, et nous, dans les champs, dans la salle à manger, dans la maison des enfants. Partout.

Nous ne savions rien de la vie des adultes, ni de leurs jours ni de leurs nuits. Ils s'activaient sur une planète séparée de la nôtre.

Nous nous mouvions les uns face aux autres comme le vendredi soir dans la salle à manger, quand les deux files de danseurs de farandole se rapprochaient et s'éloignaient à pas comptés. Nous appartenions à des groupes aux noms fleuris : Narkiss, Narcisse ; Kalanit, Anémone ; Khatzav, Bleuet ; eux portaient les noms de leurs noyaux, le *gar'in* de leurs principes : Premier Mai, Staline, Nir[1], Ouvriers. Nous avions de délicieux prénoms, frais comme la pluie et la rosée : Yaël, Chamois ; Mikhal, Ruisseau ; Tamar, Palmier ; Ronan, Heureux ; eux des prénoms hongrois fraîchement hébraïsés : Manfredi était devenu Zvi, Maggi, Noémie et Mlazi, Yitzhak. Nous habitions des univers parallèles, nous dans la société des enfants, nos parents dans celle des adultes.

Nous avancions en blocs, comme des bandes d'oiseaux migrateurs, des troupeaux de zèbres, mais toujours en deux grands groupes. Nous les enfants, nous allions tous ensemble au rendez-vous quotidien de cinq heures et demie, nous nous accompagnions les uns et les autres chez nos parents biologiques, puis l'heure cinquante minutes écoulées, à sept heures vingt, nous revenions ensemble par les mêmes sentiers, accompagnés de nos parents, à la maison des enfants.

Nous dînions dans la maison des enfants. Eux, dans la salle à manger commune.

Juste après notre naissance, on nous avait transférés directement de l'hôpital à la crèche et confiés à l'éducatrice, la *metapelet*, qui attendait les mères. Celles-ci venaient nous allaiter ensemble, toujours aux mêmes heures, assises en rang, l'une à côté de l'autre. Cette synchronisation avait pour but de s'assurer qu'aucun enfant ne soit nourri plus qu'un autre. Ni plus ni moins. Pour le coucher aussi, les parents arrivaient en bande pour le quart d'heure autorisé. Tous ne venaient pas, car l'heure du coucher était la même dans toutes les maisons d'enfants, et les parents étaient parfois occupés à bâtir le kibboutz ou faisaient partie de comités. Nous, les enfants de la fête, nous dansions devant eux avec des gerbes de blé pour la nouvelle année, nous jouions *Had Gadia*[2] pour la Pâque et nous passions entre les longues tables pour monter en scène. Nous nous rencontrions à des moments précis, en une chorégraphie parfaitement réglée que nous exécutions sans savoir qu'elle suivait les instructions des livrets de fêtes que recevaient tous les kibboutzim du mouvement sioniste de l'HaChomer Hatzaïr, que le comité des fêtes de chaque kibboutz adaptait à son usage propre. Nous faisions momentanément irruption dans leurs soirées à des moments convenus et précis, et en sortions avec "tambourins et danses, coursiers et cavaliers", sur les pas de danse que la poétesse Nira Neeman avait adaptés pour nous (les enfants de tous les kibboutzim faisaient de même et, d'après la légende de l'HaChomer Hatzaïr, exactement au même moment). Nous évoluions devant eux sur les pelouses aux fêtes de fin d'année et du kibboutz en chantant *"Nous bâtissons un beau kibboutz à nul autre pareil, à nul autre pareil"*.

Les adultes chantaient aussi. Ils chantaient en chœur, à plusieurs voix, ils dansaient les danses hassidiques que l'on dansait dans tous les kibboutzim de l'HaChomer Hatzaïr à l'occasion des mariages sans rabbin (les couples se mariaient officiellement au rabbinat de Nahariya et revenaient faire la fête au kibboutz pour que le rabbin n'y mette pas les pieds et que leur religion ne contamine pas la nôtre).

Quatre couples se marient. Les adultes dansent, nous formons une haie, des couples d'enfants choisis tiennent des branchages figurant un portail, et nous chantons Kadya Molodovsky, cette femme de la ville dont les chants accompagnaient notre vie comme une mélodie :

> *Ouvrez la porte, Ouvrez-la grand pour que passe la chaîne d'or, père, mère, frère, sœur ; Le marié et la mariée en carrosse léger.*

Nous chantions, nous dansions, nous jouions de la flûte, de la mandoline, des cymbales et, le programme musical achevé, chacun gagnait à sa place. La pelouse se vidait, la porte de la salle à manger se fermait et nous retournions dans notre petit monde, celui du groupe Narcisse, avec ses petites toilettes, ses petits lits, ses petites tables, dans la société des enfants, entre Anémone et Bleuet. Nous étions heureux.

La nuit, nous rêvions des héros d'Erich Kästner dont l'éducatrice nous lisait les histoires de neuf heures à neuf heures vingt, assise dans le couloir, alors que nous étions au lit d'où nous ne pouvions qu'entendre sa voix. Quant à Noriko San, l'héroïne japonaise de notre enfance, elle avait tout juste notre âge.

Parfois, nos rêves étaient troublés. Les histoires effrayantes qu'on nous racontait planaient au-dessus

Les Narcisse en excursion : Yaël est la petite au chapeau.

de nous comme un nuage noir. L'éducatrice nous souhaitait bonne nuit et s'en allait. Elle fermait la porte derrière elle, et nous ne dormions pas. Terrifiés. Comme si l'épingle ornée de la fleur du sang des Maccabées[3] – celle que nous aimions de toute notre âme, que nous portions les jours de fête, piquée sur notre chemise blanche – la transperçait et s'enfonçait dans notre chair. Nous attendions le jour pour aller courir dehors. Nous avions le droit de faire l'école buissonnière, comme dans les pays civilisés où on ne punit pas les prisonniers en fuite, car il est dans la nature de l'homme de fuir ses geôles et d'être libre. Pendant les heures de classe, nous transformions des planches en radeaux pour flotter sur le réservoir d'eau. Parfois, nous nous levions la nuit pour bavarder ou jouer devant nos chambres. Nous ne pouvions pas dormir. Une fois, nous avons fait du feu dans notre salle à manger, puis nous sommes retournés nous coucher. La nuit, il n'y avait pas d'adultes dans notre monde.

2

En fait, le récit de notre création, celui de la création d'un monde nouveau, n'a jamais existé. C'est peut-être pourquoi nous nous le sommes raconté. Nous n'avions pas de langue écrite, ni même un langage dans lequel traduire notre vie pour les citadins.

Nous pensions que les masses se joindraient à nous. Les noyaux de l'HaChomer Hatzaïr, les volontaires de par-delà les mers, les travailleurs du monde entier. Nous ne savions pas que nous étions nés en 1960 sur une étoile dont la lumière était morte depuis longtemps et qui sombrait déjà dans la mer. Nous ne savions pas que le mouvement kibboutzique avait été au faîte de sa gloire dans les années 1930, à l'époque des "Murs et tours[4]" et qu'avant même la création de l'État d'Israël en 1947, la population des kibboutzim avait atteint son maximum et représentait 7 % de la population juive vivant en Israël. Ce pourcentage avait déjà chuté en 1948 et n'était plus que de 3,3 % dans les années 1970.

Nous ne savions pas que notre étoile n'éclairait plus qu'elle-même. Nous nous pensions semeurs et bâtisseurs.

Nous sommes nés en 1960 dans le kibboutz Yehi'am, le plus beau kibboutz du monde, avec le vert de ses pins, le mauve de sa couronne de bosquets et le jaune de ses genêts, fondé en 1946 sur une colline, au-dessous d'une forteresse datant des Croisés. Nous sommes nés dans le groupe Narcisse, seize enfants, huit garçons et huit filles, un groupe gracieux, pour la plupart enfants tardifs des Hongrois fondateurs qui avaient bâti le kibboutz avec l'aide d'un noyau israélien.

Nous récitions d'un seul souffle les prénoms des enfants par ordre d'âge. Il y avait aussi l'ordre alphabétique des noms de famille, l'ordre bourgeois, utilisé uniquement en présence d'étrangers qui ne savaient rien, chez les médecins ou dans la file d'attente pour le dentiste qui venait de Nahariya ou des environs. D'un ton neutre, ce dernier dictait, année après année, le même diagnostic à Myriam Ron, la responsable médicale du kibboutz : sept caries, ou neuf, ou douze. Nous avions tant de caries, et si peu de bonbons. Et nous portions tous des appareils dentaires posés par l'orthodontiste chez qui nous attendions également dans l'ordre alphabétique jusqu'à ce que Myriam nous appelle. Lui aussi venait de Nahariya ou des environs.

*

Ce nom de Narcisse, nous ne l'avions pas choisi même si un jour au CP, nous avions voté pour lui à l'unanimité. Il allait nous accompagner tout au long de notre vie, punaisé sur le tableau d'affichage et inscrit sur l'étiquette des vêtements du kibboutz. Chaque groupe avait sa couleur et son chiffre romain. Notre couleur était le marron et notre chiffre, le X.

Lorsque nous avons choisi ce nom, nous ne connaissions pas encore le principe. Jusqu'à l'instant du vote, nous n'avions pas compris que nous étions délimités par des noms de fleurs, ou de toute autre chose se rapportant à la nature. À notre naissance, il y avait déjà près de cent vingt enfants répartis en classes d'âge, celles qui nous précédaient se nommaient Rocher, Bosquet, Cyclamen, Grenade, Pin, Arbre. Mais nous n'avions pas compris. Nous n'y avions pas prêté attention.

Nous avions proposé toutes sortes de noms, qui tous débutaient par "bande" : "la bande des artificiers", "la bande des enfants de la forêt", et autres noms d'aventures romanesques. Les éducatrices nous avaient guidés habilement, en douceur, vers le monde des fleurs jusqu'à ce que, conformément à ce qu'on attendait de nous, nous choisissions Narcisse. Je ne me souviens pas de l'autre fleur soumise à notre choix, mais je crois que nous avions déjà compris que peu importait de s'appeler Narcisse, Anémone ou Jacinthe, les noms que porteraient les classes qui nous succéderaient. C'était comme choisir la couleur des sandales – blanc, orange ou marron – qui avaient toutes la même forme.

Ces mêmes noms étaient choisis dans les autres kibboutzim, dans tout Israël, en Galilée et dans le Néguev. Nous rêvions tous de Noriko San, la fillette japonaise.

*

Fishel de Nahariya était le coiffeur du kibboutz.

Il venait de temps en temps chez nous, chez les Narcisse, à une fréquence qui nous était incompréhensible. Entre nous, nous l'appelions le Dr Fishel, peut-être à cause du Dr Tzuriel, le médecin du kibboutz qui venait aussi de Nahariya et du Dr Pollack, sa remplaçante, elle aussi de Nahariya et du Dr Liber, le dentiste. Nous pensions que peut-être tout le monde à Nahariya était docteur. Mais Fishel n'était pas docteur, ni un Juif allemand de Nahariya, il était Fishel le coiffeur et vivait dans un camp de transit, à côté de l'hôpital de Nahariya.

Nous détestions nous faire couper les cheveux, mais nous souffrions surtout des mensonges de Fishel. Il ne nous venait pas à l'esprit qu'on pouvait mentir sans ciller, et surtout de façon répétée. Une chaise servait de fauteuil de coiffeur. Il n'y avait pas d'adultes avec nous, et l'ordre de passage était peu clair. Le drap voletait si rapidement au-dessus de chaque enfant que nous n'avions pas le temps d'avoir peur. Lorsque Fishel repartait avec son attirail, il était évident qu'après ceux de Narcisse, il allait coiffer les autres enfants. Nous n'avons appris que bien plus tard et presque par hasard que tous ces professionnels, coiffeur, médecin, dentiste, ne venaient pas seulement pour les enfants, mais pour tout le kibboutz. Ils venaient, étaient payés à la tâche et repartaient.

Pendant la séance de coupe, Fishel demandait à chaque enfant ce qu'il voulait : des ballons ? Des bonbons ? Il mémorisait nos demandes (du moins c'est ce que nous croyions) et nous promettait des ballons ou des bonbons pour la fois suivante. La scène se répétait chaque fois et il ne nous rapportait jamais rien. Nous y croyions à chaque visite et étions déçus jusqu'aux larmes parce qu'il n'avait pas apporté de cadeaux. Ne venait-il pas de Nahariya, ville de bonbons, de bananes au chocolat, de brioches au beurre du café Hans et Julie ? Des carrosses magiques tirés par des chevaux conduisaient leurs passagers le long de l'avenue HaGa'aton. C'est là que se trouvaient toutes les merveilles du monde, mais Fishel nous oubliait en passant devant les vitrines.

Pourtant, le coiffeur nous détestait sûrement plus que nous ne le détestions et il n'avait sans doute pas d'argent pour nous acheter des cadeaux. Nous ne savions même pas s'il avait des enfants. Nous ne savions rien des maisons de nos dentistes de Haïfa et des environs, nous pensions que tous les citadins étaient riches. Nous ne savions pas qu'ils étaient employés et vivaient dans des camps de transit.

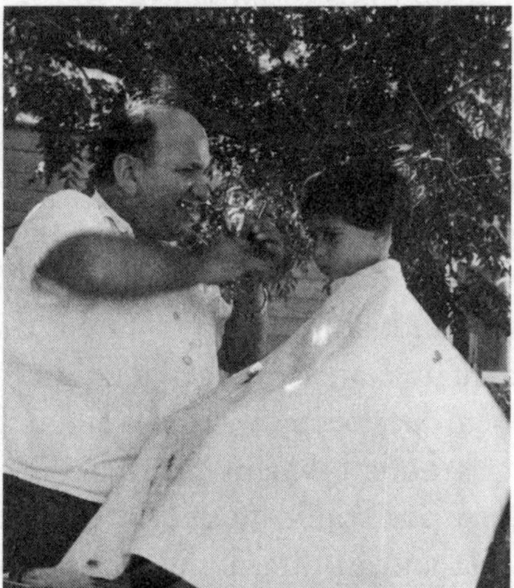

Fishel, le coiffeur.

Nous baignions dans notre propre sueur. Le son des flûtes, des mandolines et de cymbales nous bouchait les oreilles. Nous étions galvanisés par le slogan enflammé "Au sionisme, au socialisme, à la fraternité des peuples" imprimé sur la première page du journal *Alhamishmar*[5] qui tombait tous les jours dans la boîte aux lettres de nos parents. Mais nous ne faisions pas le rapport avec nos voisins du village druze de Yanouah, tout au bout de l'horizon, à l'est de la forteresse, où nous allions en promenade avec notre institutrice ; nous traversions notre *wadi* la rivière Yehi'am, en écoutant ses explications sur les arbousiers et les arbres de Judée, puis nous faisions une belle démonstration de fraternité entre les peuples en étant accueillis dans l'immense école de Yanouah. On nous offrait toujours des bonbons en couleur, et on nous proposait de voir les classes. À d'autres occasions, nous les invitions à nous rendre visite. Et lorsqu'ils venaient chez nous, nous les régalions de gaufrettes. Nous jouions au football. Nous les battions sur des scores qui nous enivraient pendant plusieurs jours, 13 à 1, ou 12 à 0.

Nous ne savions pas que des milliers d'habitants vivaient à Yanouah, qu'il n'y avait pas d'infrastructures et qu'ils étaient obligés d'étudier Bialik[6], le grand poète de la renaissance de la langue hébraïque. En fait, ils nous l'avaient dit, mais comme nous n'étudiions pas Bialik, nous n'avions pas compris ce que cela voulait dire. Nous ne savions rien. Ni l'hébreu, ni l'arabe. Yanouah n'était distant que de deux kilomètres, mais des années-lumière nous en séparaient.

Et nous ne savions rien non plus de nos voisins de Ma'alot, sauf qu'à partir de la cinquième, nous devions aller les aider à faire leurs devoirs deux heures par semaine. Nous ne savions rien du Liban qui était juste au-delà de la frontière.

Nous ne savions rien du kibboutz Kabri, que nous longions en allant au dispensaire de Nahariya, parce que ceux de Kabri ne faisaient pas partie de l'Ha-Chomer Hatzaïr.

Adultes et enfants, nous allions comme des fakirs sur une lune que personne ne voulait découvrir. Nous croyions cueillir des étoiles scintillantes qui illumineraient les cieux de tous et de tous les pays du monde. À la lumière de ces flambeaux, les prolétaires marcheraient vers un monde où régneraient la justice et l'égalité. Mais cette marche forcée nous était si douloureuse que nous ne pouvions penser qu'à elle. Nous avions oublié avec qui établir l'égalité, avec qui faire la paix, pour qui viendrait la justice. Nous buvions notre propre sueur et nous n'aidions personne.

Des volontaires venaient chez nous du monde entier. Ils venaient de leur plein gré, entre deux années d'études, débordant d'enthousiasme à l'idée de "donner un coup de main", ce qu'on appelait participer à l'ouvrage. Nous jouions au volley-ball avec eux, nous leur parlions dans notre mauvais anglais, nous jouions de la guitare, nous essayions de dormir sur un matelas d'eau. Le monde venait à nous, si blond, si blanc, si poli. Ils travaillaient, s'intéressaient à notre mode de vie et repartaient au-delà des mers. Nous poursuivions notre route.

3

Pour nous autres, les enfants, les gens les plus importants étaient parfois différents de ceux qui étaient immortalisés par l'histoire officielle du kibboutz, consignée dans le Livre d'or ou dans les œuvres commémoratives. Dès notre enfance, nous savions que dans notre kibboutz, comme dans tous les kibboutzim depuis le lac de Tibériade jusqu'au Néguev, il existait un système de rotation qui permettait le roulement des postes "supérieurs" et très demandés comme ceux de secrétaire du kibboutz, secrétaire économique, etc.

Nous n'avions pas compris à l'époque, ni d'ailleurs plus tard, que cette rotation ne s'appliquait pas aux autres postes. Par exemple, personne ne postulait au poste de blanchisseuse, personne ne convoitait le travail de Sisyphe des éplucheuses de pommes de terre qui restaient durant vingt ans dans les cuisines, assises sur des escabeaux, devant d'énormes seaux. La femme qui a nettoyé pendant des années les douches et les toilettes communes n'a jamais été remplacée. Ces tâches relevaient de ce qu'on appelait au kibboutz les services d'intendance (à distinguer des tâches économiques et productives, dans les champs ou à l'usine), comme l'intendance militaire d'un bataillon de combat dont les simples soldats restent au camp pour entretenir les tanks et préparer les repas des combattants et des officiers.

Par la magie de notre système, la rotation protégeait ceux qui échangeaient entre eux les postes principaux. Elles abandonnaient à leur sort les membres, les *haverim*, des castes inférieures et les maintenaient à leur place.

La plupart des travailleurs de l'intendance faisaient partie du noyau "Ouvriers". Ce nom n'avait pas été choisi intentionnellement, mais il contrastait ironiquement avec l'éclat aveuglant de celui du Premier Mai. Ces derniers comptaient parmi les fondateurs du kibboutz, et avaient fait partie de l'HaChomer Hatzaïr bien avant la guerre, en Hongrie. Ils étaient en quelque sorte plus anciens, plus aristocratiques que le noyau des Ouvriers.

Ceux du noyau Ouvriers étaient des réfugiés de guerre sionistes qui avaient rejoint l'HaChomer Hatzaïr en Hongrie après la guerre, et dont l'émigration en Israël avait été organisée et financée par le mouvement. Ils diraient plus tard "On ne sait toujours pas ce qui a mieux réussi : l'idéologie ou le chocolat et les cigarettes". Ils étaient arrivés à Yehi'am deux ans après sa fondation, quelques mois après la guerre d'Indépendance. Et ils ont pleinement contribué à la construction et au développement du kibboutz.

*

Même lorsque nous autres, enfants du kibboutz, avons quitté le kibboutz, tout comme les volontaires et de nombreux noyaux de pionniers, ceux du groupe Ouvriers sont restés. Venus de Hongrie, ils ont toujours représenté le pourcentage le plus important de ceux qui sont restés au kibboutz Yehi'am.

Nos contacts avec les adultes étaient régis par une logique fonctionnelle ne prenant en compte que ceux qui devaient avoir affaire à nous, instituteurs, éducatrices, préposés aux tâches de la collectivité, à la cordonnerie, dans la salle à manger, les gens des services.

Aux cuisines.

Les héros de notre mythologie appartenaient presque tous au noyau Ouvriers, c'étaient eux qui travaillaient dans le kibboutz, dans l'espace commun, aux cuisines. Eux seuls qui s'arrêtaient parfois pour nous donner une brève caresse lorsque nous passions sur les trottoirs ; eux seuls qui laissaient parfois leurs enfants passer un moment dans leur maison biologique, lorsqu'ils s'enfuyaient de la maison des enfants ; eux seuls qui leur permettaient de manger des bonbons. Nous ne savions pas encore qu'ils faisaient partie du noyau Ouvriers, et mes frères et moi ignorions que notre mère faisait partie du noyau Premier Mai et que notre père était arrivé le premier en Palestine en 1939, après qu'un conseil de famille réuni à Vienne avait décidé que tous les jeunes devaient partir sans délai.

Mais le passé n'est pas déterminant au kibboutz. Tous, qu'ils soient nés dans un village hongrois, à Budapest, Vienne ou Haïfa, sont égaux devant le système.

*

À la tête des anciens Hongrois du noyau Ouvriers, à la tête des anciens en général, à la première place, bien loin devant les autres, il y avait Pirosh. Il n'avait pas combattu les Arabes pendant la guerre d'Indépendance (ceux du noyau Ouvriers sont arrivés à Yehi'am bien après), il n'avait pas fondé le département agricole et n'avait jamais occupé les fonctions de secrétaire du kibboutz ou de secrétaire économique, mais nous savions tous que sans lui, le kibboutz s'effondrerait.

Deux fois l'an, une file d'enfants, tel un mille-pattes géant, arrivait à la cordonnerie pour essayer les nouvelles chaussures que Pirosh nous avait fabriquées.

Pirosh veut dire rouge en hongrois, c'est-à-dire rouquin. Quand nous sommes nés, il était déjà plus chauve que roux. Pirosh nous injuriait à sa guise, nous frappait et nous pinçait douloureusement les cuisses quand il le voulait et choisissait ses assistantes parmi les filles de cinquième ou plus âgées, en fonction du volume de leur poitrine ; il les surnommait, comme s'il leur décernait une médaille, "celles qui ont du monde au balcon". Personne d'autre ne nous parlait ainsi. Il était cordonnier, programmait nos films et les projetait, et était en plus responsable de l'armurerie et de l'épicerie. Chacune de ces fonctions représentait quasiment un poste à temps plein.

La cordonnerie était une baraque située à l'extrémité du kibboutz dont les murs et le haut plafond en pente étaient tapissés de photos de starlettes, comme il les appelait, découpées dans des magazines. Toutes représentaient des femmes lumineuses au décolleté profond, aux seins énormes et au large sourire. Pirosh nous apprenait leurs noms. Nous ne savions pas si la baraque était vraiment différente des autres bâtiments du kibboutz, ou si elle nous semblait telle à cause des photos, de l'odeur de cuir et des embauchoirs. La cordonnerie comprenait deux pièces, Pirosh se tenait dans la première avec son assistant habituel, Meir Ch., un excellent ouvrier dont on disait qu'il avait été cordonnier en Hongrie, et qui ne s'arrêtait de travailler que pour esquisser un sourire timide et nous saluer. Il ne s'énervait jamais. La bouche et les poches toujours pleines de clous, absorbés dans leur tâche, ils étaient assis de part et d'autre d'une immense table encombrée d'outils et de chaussures en pièces détachées.

Dans l'autre pièce se trouvaient les outils de mise en forme, des boîtes et les deux tabourets sur lesquels nous nous asseyions devant Pirosh pour essayer la nouvelle collection qu'il créait pour nous deux fois par an. Des bottines montantes pour l'hiver et des sandales pour l'été. Nous venions en choisir la couleur : blanc ou orangé pour les sandales des filles, marron pour celles des garçons, rouge ou marron pour les bottines, filles et garçons. Le modèle était le même pour tous les enfants des kibboutzim de l'HaChomer Hatzaïr.

Personne ne connaissait exactement l'histoire de Pirosh. Sa présence était tellement évidente que les questions semblaient superflues. Mais nous en posions tout de même. Pirosh était célibataire. Parfois, notre mille-pattes à chaussures neuves, rouges ou marron, s'arrêtait auprès d'un ancien et lui demandait pourquoi Pirosh était célibataire et pourquoi il n'avait pas d'enfants. On ne nous répondait pas. Tel un avion de papier, la question traversait sans s'y poser la pensée de ceux qui étaient occupés ou pressés. Célibataire, et voilà. Un jour, quelqu'un nous avait dit que c'était à la suite d'une déception amoureuse. Nous avions retourné cette réponse en tous sens sans pouvoir nous souvenir de qui l'avait dit et s'il disait la vérité. Peut-être avait-il tout simplement voulu se débarrasser de nous. On ne parlait pas de ce qui n'existait pas. Ni des tapes douloureuses ni des pinçons que Pirosh infligeait à nos cuisses lorsqu'il prenait nos mesures pour de nouvelles chaussures en grognant "Je te mesure de la tête aux pieds". Nous riions de ses plaisanteries et nous les répétions souvent.

Pirosh citait les noms de tous les acteurs et de toutes les actrices de Hollywood avec l'accent hongrois, et nous croyions qu'il les connaissait vraiment. Les photos qui tapissaient la cordonnerie nous révélaient le décolleté de Raquel Welsh et de ses compagnes. Nous y voyions des ouvertures, des possibilités de nous échapper vers une autre vie. Punaiser des photos de filles court vêtues était si exceptionnel que ce n'était même pas interdit par le règlement de l'HaChomer Hatzaïr. C'est aussi pour cela que nous étions fiers de Pirosh. En notre for intérieur, nous comprenions qu'il travaillait pour nous d'une autre façon, bien plus importante que ses tâches officielles. Il nous montrait qu'il existait d'autres mondes : *Lehiton*, l'hebdomadaire de musique des jeunes, Tel-Aviv, Hollywood, New York, comme s'il incarnait toute une communauté subversive internationale, une communauté sophistiquée qui, ne se manifestant pas par des proclamations, semblait particulièrement inoffensive. C'est pour cela que personne n'a jamais compris à quel point les discussions avec Pirosh et ses photos nous tournaient la tête.

*

Ses nombreuses fonctions lui permettaient de voyager souvent, non pas sur son temps de travail précisait-on toujours, mais sur le compte des centaines de jours de congé accumulés par les anciens. À Tel-Aviv, il visionnait des dizaines de films qu'il allait chercher ensuite au département de cinéma.

Jusqu'à la fin de la sixième, nous assistions aux séances au sein du groupe des enfants. En plus de ses fonctions de programmateur et de projectionniste, Pirosh était aussi responsable de la censure. Les projections avaient lieu en l'absence des parents, des éducatrices ou des institutrices. Rien que nous et Pirosh, comme dans la cordonnerie.

Une semaine sur deux, il nous rapportait un nouveau film de Tel-Aviv : *Annie du Far West*, *Lassie chien fidèle*, *Winneto*, *Chitty Chitty Bang Bang*. La censure ne visait pas les obscénités, mais ce qui pouvait nous effrayer. Quand on arrivait à un passage qui, de son point de vue, pourrait nous faire peur, il faisait simplement signe aux enfants de CE2 et aux plus jeunes de sortir. C'est ainsi que la vue de la sorcière du *Magicien d'Oz* nous fut épargnée. Il avait brusquement allumé la lumière et nous avait mis dehors.

À partir de la cinquième, on nous permit d'assister aux séances des adultes attendues par tout le kibboutz. Une fois par semaine, nous nous rassemblions dans la grande salle à manger et nous nous asseyions en rangs. La projection commençait en retard, tout comme les conférences du soir et le dîner du vendredi soir, en attendant que l'accord se fasse sur l'ouverture et la fermeture des fenêtres. Ces contestations se déroulaient comme un film muet qui se répétait invariablement avant la séance. Au début, ceux qui voulaient que les fenêtres soient fermées se levaient, les fermaient et se rasseyaient, le tout sans un mot. Ensuite ceux qui voulaient que les fenêtres soient ouvertes se levaient, les ouvraient et se rasseyaient. Et ce manège se répétait suivant une séquence connue d'eux seuls.

Personne n'intervenait, ni les enfants, ni les adultes. Nous le savions tous – cela venait de là-bas (la grande majorité des Hongrois, tant ceux des Ouvriers que ceux de Premier Mai, venaient de là-bas, et là-bas, m'avait raconté ma mère un jour où j'étais malade, le Danube gelait en hiver. Et là-bas, nous avait raconté une autre ancienne, on y avait jeté tant de cadavres de Juifs fusillés que le Danube était rouge de sang). L'explication de ce manège d'ouverture et de fermeture des fenêtres nous fut révélée par un des enfants qui composaient notre mille-pattes : ceux qui avaient été emprisonnés dans des camps, ou qui s'étaient dissimulés dans des cachettes où ils avaient failli suffoquer voulaient ouvrir les fenêtres, et ceux qui étaient restés à l'air libre, ou sur lesquels on avait lâché les chiens, voulaient les fermer. Nous attendions. Ceux qui fermaient et ceux qui ouvraient.

Une fois le problème des fenêtres résolu, Pirosh commençait la projection. La première bobine était déjà prête. Carmi, son étudiant permanent qui était aussi le fils de Meir Ch., son aide à la cordonnerie, l'assistait. Il avait été formé par Pirosh depuis l'âge de sept ans.

Au milieu de la deuxième bobine, ou vers sa fin, car la première partie était toujours plus longue que la deuxième, Pirosh déclarait à voix haute en détachant les syllabes : En-trac-te. Il travaillait et polissait sans cesse sa diction pour prononcer parfaitement ce mot. La projection reprenait sans souffrir le moindre retard après cinq minutes de pause. Les membres avaient beau protester, il n'attendait pas.

Il était strict sur la discipline, mais on entendait bien, comme une bande-son, les bavardages de ceux des derniers rangs qui ponctuaient les films de commentaires et de plaisanteries.

*

Le département de cinéma de la Histadrout[7], dont provenaient les films projetés dans tous les kibboutzim et tous les mochavim[8], était situé rue Shenkin à Tel-Aviv, à trois immeubles de notre appartement. "Notre appartement" n'était pas vraiment le nôtre, mais c'est ainsi que nous, les membres du kibboutz et les enfants, le désignions. Chaque kibboutz possédait un appartement en ville où on passait ses vacances avec sa famille biologique et où logeaient aussi les "actifs". C'est ainsi que l'on appelait ceux qui travaillaient hors du kibboutz. Les surnoms que nous donnions à ces fonctionnaires reflétaient un monde dynamique, celui de notre jeune mouvement éternellement jeune, l'HaChomer Hatzaïr.

Le kibboutz Yehi'am louait notre appartement à Zili d'Ashkelon pour un prix modique. Nous croyions que Zili était millionnaire. Il ne l'était pas, mais c'était le frère de Diory, du noyau Ouvriers, et il avait voulu contribuer à sa manière à l'édification des kibboutzim.

Quand Pirosh se rendait à Tel-Aviv pour voir vingt-quatre films en trente jours, nous croyions qu'il réfléchissait à ce qui nous conviendrait le mieux. Nous ne savions pas que les décisions avaient déjà été prises par les gens du département cinéma. Les mêmes bobines étaient envoyées dans tous les kibboutzim où, tout comme chez nous, on organisait des projections hebdomadaires dans la salle à manger, ou bien sur la pelouse du club, en été.

En vertu des accords portant sur les droits de diffusion, nous ne recevions les copies (en 16 ou 35 mm) que deux à trois ans après leur sortie en salle.

Les Français du kibboutz qui organisaient parfois des séances cinéma & politique et animaient un ciné-club d'art et d'essai autour d'Eisenstein ou de Bertolucci se donnaient beaucoup de mal pour repérer les classiques car, en vertu de ces accords, et du fait de problèmes liés à la propriété intellectuelle, le département de cinéma était obligé de détruire les copies en sa possession passé un délai de cinq ans.

Sur notre planète, le présent effaçait le passé et l'avenir. Les classiques étaient détruits, les nouveautés ne nous parvenaient pas. Nous voyions les films suivant un ordre qui nous était propre.

Le comité chargé du répertoire au sein du département de cinéma sélectionnait les œuvres à diffuser. Il avait en fait le monopole sur toutes les copies en 16 mm en Israël.

Le département ne possédait pas la majeure partie des grands classiques, et l'érotisme ne faisait pas partie de son catalogue.

Les Français protestaient contre cet état de fait au cours des séances du ciné-club. Pourquoi, s'interrogeaient-ils, *Le Dernier Tango à Paris*, *Emmanuelle* ou *Et Dieu créa la femme* étaient-ils interdits, alors qu'on pouvait avoir tous les karatés et les westerns. Ces œuvres bourgeoises pour public familial étaient-elles préférables à des films érotiques qui posaient de vraies questions existentielles ? protestaient-ils lors du débat en ouverture de séance.

Ils ont fini par nous parvenir quelques années plus tard.

Pirosh était aussi le projectionniste du ciné-club d'art et d'essai des Français. Il ne participait jamais aux discussions. Ce qui l'intéressait, c'était de projeter tous les films du monde.

4

Le samedi, les hommes étaient de service dans nos maisons d'enfants. Certains étaient nos pères, d'autres non. Leur affectation était fixée par le planificateur des tâches (qui changeait chaque année en vertu de la rotation pour conserver le principe démocratique de l'attribution des postes).

Le planificateur mettait dans les boîtes aux lettres de ceux qui étaient requis un petit billet vert sur lequel étaient notés au crayon la date, l'heure et le lieu du service. Il n'y avait pas de contestation possible.

Contrairement aux réquisitions sporadiques portant sur des tâches urgentes et précises, les tours de service étaient planifiés : les membres du kibboutz étaient requis tous les quatrièmes ou cinquièmes samedis pour occuper des postes où la cessation d'activité était impossible (comme dans les maisons d'enfants, à l'arrosage des champs, pour la récolte ou le travail dans la salle à manger, etc.). Les affectations étaient organisées de façon à ce que les travailleurs sentent bien qu'ils n'étaient requis que toutes les quatre ou cinq semaines.

L'un des préposés chez nous, les Narcisse, était Feivel, le mécanicien du kibboutz. Feivel était de toutes les controverses, comme participant ou comme témoin. Tout le monde l'estimait, il ne faisait partie ni des Français, ni des Israéliens, ni des Hongrois. Il était polonais, toujours en bleu de travail et toujours en train de travailler. Il semblait sortir tout droit d'un film ou d'un roman du réalisme socialiste, ou bien de la fresque murale installée par Yosské à l'entrée de la salle à manger. On y voyait pêle-mêle des travailleurs et des outils formant une composition si fougueuse et si pleine d'élan qu'on ne discernait pas très bien qui en était le héros, l'ouvrier, la faux, la faucille ou le travail lui-même.

Feivel était toujours à la tâche, même en dehors de son temps de travail. Il coupait le métal, le soudait et le brasait pour fabriquer des tables, des étagères, ou toute sorte d'objet qu'on lui demandait de fabriquer pour un usage personnel. Il ne disait jamais non.

Lors d'un shabbat où il était de service chez nous, il nous avait dit que les Russes n'étaient pas meilleurs que les Américains qui étaient peut-être même meilleurs que les Russes.

"Feivel a dit que les Américains sont meilleurs que les Russes", avons-nous répété après son départ pour la réunion du kibboutz.

Les hommes qui s'occupaient de nous le samedi ne savaient ni nous tresser les cheveux, ni nous préparer du pain perdu. Nous attendions et redoutions ce jour-là. C'était comme se trouver sur la grande roue à la foire, nous savions qu'il fallait s'amuser, mais nous attendions que cela finisse et qu'arrive le dimanche, premier jour de la semaine. Nous ne savions pas si ceux qui seraient de service réussiraient à nous coiffer, à faire ne serait-ce qu'une queue de cheval qui tienne, sans s'écrouler aussitôt, si nous parviendrions à aller quelque part à temps, si nos repas seraient prêts. Le soir, nous ne nous endormions pas avant de leur avoir dit à quelle heure ils devaient nous réveiller, alors qu'ils le savaient. Mais nous n'avions pas confiance.

À cause des trous béants qui s'ouvraient dans notre emploi du temps, nous espérions l'aventure. Mais lorsqu'elle survenait, nous craignions de l'avoir inventée, d'avoir exagéré les faits réels, au point que même les petits grains de vérité qu'ils contenaient se dissolvaient. Un samedi, deux minutes avant d'aller à la forteresse, Simon chercha quelque chose, ne le trouva pas et lâcha un "Merde alors". Après le départ de Simon, nous en parlâmes toute la nuit, nous demandant s'il avait vraiment juré ou non, si les pièces que nous avions trouvées dans la forteresse étaient vraiment anciennes, si elles seraient exposées, et si on écrirait qu'elles avaient été découvertes par les enfants de Narcisse? Nous n'étions pas sûrs de ce qui s'était vraiment passé. Ou bien, ce voyage avec Willy, le remplaçant occasionnel de ceux qui étaient de service le samedi chez nous, qui avait accepté de nous prendre tous les seize dans son pick-up jusqu'au tournant de Ga'aton (que les membres de Ga'aton appelaient tournant de Yehi'am, de toute façon la route ne menait qu'à ces deux kibboutzim).

Le soir, les hommes de garde nous racontaient aussi une histoire, assis dans le couloir, avant de souhaiter bonne nuit à chacun de nous à neuf heures et demie, puis de refermer la porte sur le monde des adultes pour se rendre à la réunion du kibboutz.

*

La réunion du kibboutz se tenait tous les samedis soir. C'était une des rares choses que nous connaissions du monde des adultes et de son organisation. Au même moment, nous, les enfants de Narcisse, tenions une réunion alternative. Assis devant l'entrée des quatre chambres, nous établissions un ordre du jour et discutions de l'introduction de nouvelles règles dans nos jeux nocturnes. Par exemple, il y avait le "jeu des fesses" où chacun devait baisser le pantalon de pyjama de son voisin, mais pour y échapper nous nous collions au montant d'une porte. Nous débattions pour déterminer le temps durant lequel il était permis de rester collé à la porte.

Lors des réunions du kibboutz, les hommes parlaient et les femmes tricotaient. Que faisaient-ils les autres soirs ? Nous n'en savions rien. L'assemblée du kibboutz décidait de tout, les débats ne portaient pas seulement sur d'abstraites considérations idéologiques, ils arbitraient toutes les questions pratiques. L'assemblée était le pouvoir législatif, judiciaire et exécutif. Toute sortie du kibboutz, de longue ou de courte durée, pour étudier, partir en vacances ou se rendre à l'étranger, devait être approuvée par elle, de même que tout cadeau exceptionnel reçu par des membres, comme un meuble pour leur chambre, ou une aide qu'ils voulaient accorder à leurs enfants ou à leurs proches.

On y traitait de sujets publics comme privés, et on y élisait les commissions. Si quelqu'un souhaitait faire des études supérieures, on le décidait au secrétariat, à la commission d'éducation et à la réunion hebdomadaire : si le demandeur irait étudier, ou s'il attendrait encore, quelle matière il étudierait, et si ses désirs coïncidaient avec les besoins du kibboutz. Si ce n'était pas le cas, il devait se plier aux exigences de la communauté.

La communauté, le kibboutz, était une entité à la fois concrète et abstraite, elle était à la fois l'ensemble des faits qui composaient une vie réellement et intensément vécue, et la concrétisation d'un texte philosophique ou littéraire, comme si le kibboutz s'était approprié non seulement le contenu marxiste mais encore la phraséologie qu'il avait transformée en règles régissant la réalité (à une amie qui lui disait ne pas pouvoir l'imaginer vivre dans une société égalitaire, Marx avait répondu : "Ce temps viendra sûrement, mais mieux vaut que nous ne soyons plus de ce monde").

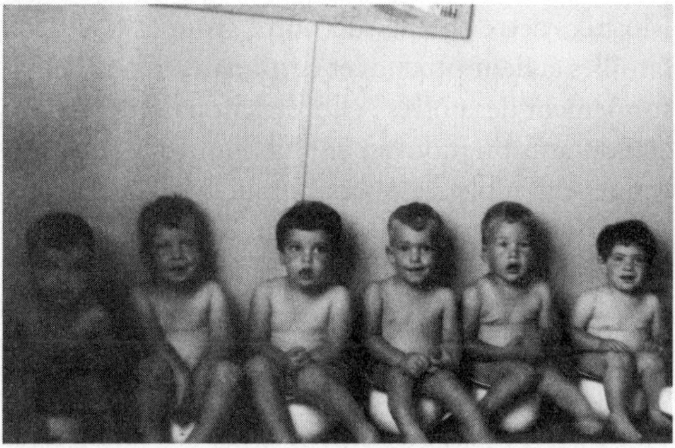

Le groupe Narcisse sur le pot.

*

En général, les hommes de garde ne nous lisaient pas des histoires tirées du livre posé sur l'armoire, celui de l'éducatrice, mais ils en inventaient. La créativité était tenue en haute estime au kibboutz, c'est pourquoi nous n'offrions pas des objets achetés pour les anniversaires. Il était toujours préférable de fabriquer une poterie quelconque, même laide ou bancale, ou bien de découper et broder un millième marque-page plutôt que d'offrir un cadeau bourgeois, c'est-à-dire acquis avec de l'argent. Suivant la même logique, il valait mieux inventer une histoire plutôt que d'en lire une qui se trouvait déjà dans le livre des éducatrices.

Nous aimions particulièrement celles de Joas, le père de Neta, et celles de Hanokh, le père de Moshik, deux enfants de notre groupe. Ces deux familles étaient proches et détonnaient dans l'environnement des nôtres ; elles étaient passées par tous les courants du mouvement kibboutzique et étaient venues ensemble du kibboutz Palmachim à Yehi'am.

Nous sommes nés dans les années 1960, après les scissions du mouvement kibboutzique, au lendemain des procès de Prague, des procès des blouses blanches et du procès des Rosenberg qui s'étaient déroulés en 1952 et 1953 et s'étaient ajoutés à tout ce dont on ne parlait pas, du moins pas avec nous. Ni de la désillusion de 1956, qui avait suivi la mort de Staline. Nous ne savions pas qu'il y avait eu une désillusion, car nous n'avions pas su qu'il y avait eu une illusion, ni bien sûr, que la lumière s'était éclipsée.

Nous chantions *"La flamme s'élève, la flamme s'élève, Frappons tous les jours de notre maillet. La flamme s'élève, la flamme s'élève, comme toi comme nous, notre cœur est rouge, rouge*[9]. »

Mais de toute façon, nous ne savions pas ce qu'était un maillet. Nous chantions aussi avec conviction le chant des bataillons de Boudionny[10] se lançant au combat : *"Ay, Ay, Ay, voici venir les cosaques chargeant l'ennemi."* Nous ne savions pas qu'il s'agissait d'une bande d'émeutiers et de brigands en route vers des carnages. De même, nous ne savions rien de Staline, de Lénine, de Trotski, rien de leurs alliances ni de leurs scissions. Nous n'avions jamais entendu parler du Goulag, ni des millions d'hommes assassinés à cause de leur foi ou de leur loyauté envers l'un ou l'autre. Nous savions leurs noms, comme nous avons su ceux des généraux de Tsahal après 1967. Nous pensions que tous étaient des héros qui avaient vaincu les nazis et nous conduisaient désormais vers un monde meilleur : Uzi Narkiss, le héros de la guerre d'Indépendance, Moshe Dayan, Staline et Lénine.

Nous savions que nous croyions en l'esprit humain et aux grands espaces verts. Qui pourrait parler contre l'esprit humain ? Qui pourrait s'opposer aux grands espaces verts ?

*

Moshik et Neta étaient arrivés en 1962 du kibboutz Palmachim, nous avions deux ans à l'époque. On avait dit que ces deux familles étaient venues à Yehi'am pour des raisons idéologiques. "Raisons idéologiques" avait pour nous une résonance aussi exotique que les maisons de Moshik et de Neta. Leurs parents paraissaient beaucoup plus jeunes que les nôtres. Ils étaient israéliens, alors que les nôtres étaient hongrois. Leurs meubles étaient très différents des banquettes, des fauteuils rigides et des étagères en bois verni fixées aux murs chez nos parents, où les livres des poètes hongrois Petőfi et Ady trônaient à côté du dictionnaire d'hébreu d'Even Shoshan.

Chez eux, il y avait des poufs, un obus transformé en vase d'où dépassaient des chardons et une banquette garnie de coussins. Des vitrages colorés ornaient les fenêtres de la maison de Joas et Malacoula. Chez Hanokh et Nurith, la sonnette déclenchait un carillon de clochettes, et des mobiles étaient accrochés au plafond. Les livres étaient éparpillés sur des étagères posées sur des briques, entre des bibelots de verre bleu. Ils nous préparaient toujours des friandises, parlaient différemment, riaient différemment.

Comme des touristes, nous naviguions entre les maisons de nos parents biologiques, les Hongrois et les Israéliens.

*

Une fois tous les cinq samedis, Hanokh et Joas étaient de service chez nous. Hanokh nous racontait les histoires des jumeaux italiens, Pinto et Tonino ; ils vivaient à Pise et se perdaient invariablement dans des labyrinthes. Chaque fois que Hanokh était chez nous, il leur arrivait une nouvelle aventure, dans laquelle ils s'égaraient dans un nouveau labyrinthe composé d'innombrables entrées.

Après avoir surmonté de nombreuses épreuves et trouvé la clef de la première porte, les jumeaux intelligents se heurtaient à d'autres portes et porches, aux serrures différentes. Ils se reposaient parfois entre deux portes ou entre deux porches en mangeant des spaghettis ou une pizza. Nous soufflions aussi pendant ces pauses, et sentions sur notre langue le goût d'une pizza à la pâte fine, puis nous suivions de nouveau, haletants, les aventures des jumeaux malins jusqu'à leur triomphe final. Tout était bien qui finissait bien et Pinto et Tonino partaient en Vespa manger des glaces.

Tout autres étaient les histoires de Joas qui n'aimait ni les histoires qui finissent bien, ni celles qui commencent bien, ni celles qui se déroulent bien. Les épisodes étaient toujours imprévisibles et surprenants. Il avait une belle voix de basse, un vocabulaire riche et un registre étendu. Ses yeux bleus, perçants, ajoutaient une dimension dramatique à ses récits. Il était aussi le meilleur lecteur du kibboutz. C'était lui qui, le jour de la commémoration de la Shoah, lisait le texte sur les six millions, qui se déversait du haut-parleur installé sur le toit de la salle à manger et résonnait à travers tout le kibboutz comme une voix venant du ciel ou du fin fond de l'enfer.

Joas était le jardinier du kibboutz. Par son savoir et ses talents, il était plutôt paysagiste ou architecte. Il s'acquittait de ses tâches avec la ferveur d'un homme dont la vie en dépend, comme s'il voyait dans l'"ornementation", le terme utilisé par la bureaucratie de l'architecture du kibboutz, la clef d'un monde plus vaste. Comme s'il avait compris, comme un Bahaï[11] travesti en *kibboutznik*, qu'une religion se dissimulait derrière les caroubiers, les espaces verts et les cyclamens.

Nous craignions les rebondissements qui nous attendaient au détour de ses récits, mais nous avions surtout peur de ses histoires vraies.

Il nous avait raconté de façon très détaillée la découverte des rouleaux dans le désert de Judée, et nous avait expliqué ce qu'il y était écrit. Il aimait nous instruire. Il n'enjolivait jamais ses récits de belles images.

D'autres fois, avant de nous dire bonne nuit et de partir pour assister à la réunion du kibboutz, il nous parlait des "kibboutzim des montagnes". Yehi'am était un kibboutz de montagne parce qu'il avait été bâti sur un promontoire de plus de quatre cents mètres de haut, ce qui avait de nombreuses conséquences, dont certaines économiques. Par exemple, les champs étaient éloignés, et y aller prenait du temps. Il y avait aussi des problèmes d'approvisionnement en eau. Pour rendre ce qu'il nous disait plus concret, il nous avait lu l'article publié dans le bulletin du kibboutz.

Sous le titre *Demi-frères*, Yaron qui travaillait aux champs avait écrit :

> L'un des problèmes de notre kibboutz provient de la grande distance existant entre les champs et les habitations. Cet éloignement géographique crée une coupure réelle et ressentie comme telle, et nous, (travailleurs des champs) avons parfois l'impression d'être des "demi-frères". Mon intention n'est pas de me lamenter, mais d'indiquer des moyens pour remédier à cette situation, c'est-à-dire de sensibiliser les autres travailleurs (artisans et travailleurs de service) à la situation particulière des travailleurs des champs, de façon à ce que ces derniers n'aient pas l'impression que "loin des yeux, loin du cœur".

Une autre option, qui n'a pas notre faveur, serait de devenir encore plus autarciques et de créer un genre de "ferme agricole" qui serait la propriété du kibboutz. Nous nous considérons comme la chair et le sang du kibboutz, et nous souhaitons que cette coupure, telle qu'elle existe actuellement – disparaisse.

Les soucis dont Joas nous accablait nous tourmentaient la nuit, longtemps après son départ. Nous nous demandions ce que nous pourrions faire, et nous lancions de nombreuses idées au cours de nos discussions du samedi soir, à l'entrée de nos chambres, des idées qui ne menaient nulle part.

*

Quand il nous lisait de la poésie, Joas se transformait, c'était comme s'il chantait au lieu de lire. Ces soirs-là, il nous apportait des livres, des recueils de poèmes de A. Hillel[12], de Leah Goldberg et d'Oded Bourla, et sa voix tragique se faisait gaie et légère. Nous aimions par-dessus tout qu'il nous lise le poème d'Oded Bourla *Aujourd'hui nous avons cueilli des fleurs des champs* :

Aujourd'hui nous avons cueilli des fleurs,
Liron, Tamir et moi.
Liron n'a cueilli que des tiges,
J'ai cueilli des criquets
Et Tamir a dit "Voyez, je n'ai cueilli qu'un épi"
Hier, nous avons pris le train,
Liron, Tamir et moi.
Liron a compté les ponts,

J'ai lu des livres
Et Tamir a dit "Qui c'est qui conduit le train ?"

Aujourd'hui nous avons raconté des histoires,
Liron, Tamir et moi.
Liron a raconté celle de Pourim,
J'ai récité "La fête des parents",
Et Tamir a chanté "Tout le monde dort – Chut ! Et dans sa caisse la pomme"

Hier nous avons fait des dessins,
Liron, Tamir et moi.
Liron a dessiné des arbres et un jardin,
J'ai juste dessiné un clown
Et Tamir a fait un gribouillis et a dit "C'est mardi"

Et quand Joas lisait le dernier vers : *Et Tamir a fait un gribouillis et a dit "C'est mardi"*, nous pensions aux gribouillages que faisaient les petits d'Anémone, le groupe juste au-dessous de nous, et à leurs bêtises d'enfants ; cela nous faisait beaucoup rire, et nous y pensions longtemps avant de nous endormir.

5

Le kibboutz Yehi'am est implanté sur une hauteur isolée, au pied de la forteresse des Croisés dont la beauté est visible de loin. Tom Segev a utilisé le journal de Yossef Weitz[13] pour raconter dans son livre *1967* comment le nom de notre kibboutz fut choisi.

> Trois mois après la "nuit des ponts", Yossef Weitz se rendit au village arabe d'Azib, au nord de Saint-Jean-d'Acre, pour observer de loin l'endroit où Yehi'am avait été tué. "Je ne pouvais pas approcher, m'étendre, chercher les gouttes de son sang que la terre avait dû absorber", écrivit-il. En regardant vers l'est, il pouvait apercevoir les vestiges de la forteresse de Jiddin, haute et impressionnante tour du temps des croisades, transformée en place forte par l'émir Dahar el-Omar, gouverneur de Galilée au XVIIIe siècle. Le soleil se couchait, la tour "étincelait et irradiait alentour, jusqu'à Haïfa". Weitz fit le vœu qu'à cet endroit s'élève une stèle. Ici devrait être érigé un village pionnier, un modèle en matière de défense, de boisement et d'agriculture. "La citadelle sera restaurée et deviendra nôtre, écrivit-il, sur elle resplendira le nom de Yehi'am comme symbole de l'innocence, de l'abnégation et du sacrifice,

avec à côté une flamme perpétuelle qui propagera au loin sa lumière". Par ce défi, confia Weitz à son épouse Rouhama, il réussirait peut-être à trouver quelque consolation. C'est ainsi que naquit le kibboutz Yehi'am[14].

Tous les soirs du jour de l'Indépendance, revêtus de nos chemises blanches piquées de l'épingle sanglante des Maccabées, nous nous tenions au garde-à-vous sur la grande pelouse devant la salle à manger, disposés en fer à cheval de façon à ce que nous puissions tous nous voir. Guilad donnait le signal d'un coup de clairon depuis le toit de la salle à manger, à côté du drapeau que l'on mettait en berne le jour du Souvenir[15] et que l'on hissait bien haut le jour de l'Indépendance. En bas sur la pelouse, un homme tonnait d'une voix de basse : "Kibboutz, kibboutz, garde-à-vous !", puis : "Kibboutz, repos. Kibboutz, repos." Après la lecture à haute voix, nous montions tous vers la forteresse entre des rangées de torches.

Sur la place, au-dessous de la forteresse, nous levions bien haut la tête sous une pluie de flammes. Installés des semaines auparavant, les flambeaux glissant sur un câble de fer tendu depuis le haut de la citadelle transmettaient leurs messages en lettres de feu. Chaque année, les fusées lumineuses tirées vers le ciel nous surprenaient à nouveau, on utilisait pour cela des armes et des grenades démontées et mises au point précisément pour cette occasion.

*

L'histoire de la forteresse, à partir du XIIe siècle, à l'époque des Croisés et jusqu'aux combats de l'Indépendance, était inscrite sur les panneaux bleus de la Direction de la nature et des parcs placés sur l'esplanade et dans les salles de la citadelle.

Notre silo ainsi que la porcherie avaient été construits au pied de la forteresse, tout comme les chrétiens ou les musulmans bâtissaient sur un nouveau territoire conquis leur église ou leur mosquée près de l'église plus ancienne d'une autre secte ou sur les ruines de la mosquée. Mais dressée sur sa butte sous le ciel, dominant le paysage, la forteresse des Croisés témoignait par son existence même de la permanence d'une histoire, sublime, toujours présente et belle, qui se perpétuait en même temps que notre foi, tendue vers un avenir autre que tout ce que l'humanité avait jamais connu, un avenir qui abolirait le passé.

*

Les membres du kibboutz ne rataient jamais une occasion de se raconter et de nous raconter l'histoire du kibboutz, tantôt ils la dansaient ou la chantaient, tantôt ils en déroulaient le récit sur la scène devant tout le monde. Comme si ce récit sur nous, que nous nous racontions à nous-mêmes lors de fêtes, de soirées, dans le bulletin du kibboutz, les lettres et les discours de clôture, amplifiait notre si brève histoire, lui donnait de l'épaisseur, la justifiait et nous en donnait le goût et la raison.

Nous préférions les représentations et les refrains à la réalité, et si on nous faisait un exposé sur l'histoire, nous ne comprenions rien. Les événements ne s'enchaînaient pas les uns aux autres, il n'y avait aucune continuité. Nous ne parvenions pas à relier la Shoah à la guerre d'Indépendance, ni au fait que tout cela était arrivé à nos parents. Quand exactement, où exactement. Ils nous montraient alors leurs anciennes positions fortifiées et les meurtrières d'où ils tiraient.

*

Le récit préféré des anciens, tel qu'ils se sentaient tenus de le raconter, était celui des débuts du kibboutz. Ils nous en faisaient le récit le shabbat, en travaillant, ou lorsqu'ils nous accompagnaient en promenade à la forteresse. Ils se le racontaient à eux-mêmes, à l'occasion des fêtes et dans le bulletin.

Tout avait commencé à Kiryat Haïm où vivaient les anciens dès le mois de mai 1946. Ils étaient environ quatre-vingt-dix, âgés pour la plupart d'une vingtaine d'années, installés sur un terrain dans un bâtiment en dur et sous des tentes. Le kibboutz s'appelait Sélah, Rocher.

Sélah avait été formé par deux noyaux de tendances différentes : Nir, du mouvement israélien, et Premier Mai composé de membres de l'HaChomer Hatzaïr de Hongrie et de Slovaquie.

Comme le voulait la coutume dans tous les kibboutzim de l'HaChomer Hatzaïr, les membres travaillaient à l'extérieur pendant la période de consolidation du groupe, préalable à la fondation d'une colonie agricole : au port, à l'usine Neeman, dans une fabrique de brosses, les femmes travaillaient comme aides-ménagères ou blanchisseuses dans les maisons bourgeoises, ou à toute autre tâche qui leur permettait de gagner de l'argent pour le kibboutz.

Puis, tout se passa très vite : les membres appartenant aux différents noyaux n'étaient pas encore parvenus à surmonter leurs différences, certains venaient du groupe de Rehovot de l'HaChomer Hatzaïr, d'autres venaient de celui de Ben Shemesh, il y avait aussi les Hongrois et les Slovaques qui n'étaient arrivés que quelques mois avant le début de la guerre. Ils se trouvaient dans la période de formation et de fusion du groupe, qui devait durer un an. Mais six mois ne s'étaient pas écoulés qu'arrivèrent à Sélah des représentants des comités économiques et des implantations du kibboutz national, avec l'annonce d'une installation imminente et un nouvel objectif.

Ce nouvel objectif pour une colonie, Jiddin, était étonnant, tout comme l'était l'urgence affichée pour sa réalisation. Exprimant l'opinion du mouvement national, les orateurs dirent qu'ils n'allaient pas embellir la réalité : Jiddin ne disposait pas des nécessités de base. Il n'y avait là-bas ni eau, ni terre, ni nourriture, ni armes, ni possibilités de gagner sa vie. C'était un vrai désert situé au milieu d'une population hostile.

Ils dirent aussi qu'ils étaient conscients que les groupes n'avaient pas eu le temps de vraiment fusionner avant la fondation du kibboutz. Ils dirent que les difficultés liées à l'eau et à l'approvisionnement étaient si grandes que l'armée aurait dû s'installer là-bas, au pied de la forteresse, mais qu'un kibboutz de l'HaChomer Hatzaïr était préférable à toute unité militaire. Et plus ils insistaient sur la gravité des problèmes et la beauté de la forteresse, plus les membres s'enthousiasmaient pour le projet avant même d'avoir vu l'endroit. Après une discussion marathon au cours de laquelle furent transmises les paroles d'Abraham Herzfeld[16], de Yaacov Hazan[17] et de Yossef Weitz, il fut décidé de monter à Yehi'am qui s'appelait encore Jiddin, du nom de l'ancienne forteresse. À la fin de cette même semaine, la majorité des membres du kibboutz Sélah avait voté en faveur de la proposition du mouvement national : l'implantation à Jiddin, en Galilée occidentale.

On décida que les enfants et la majorité des femmes resteraient à Kiryat Haïm, au kibboutz Sélah, en attendant que les conditions élémentaires d'habitat au pied de la forteresse s'améliorent.

Et une semaine après les pourparlers marathon, le 27 novembre 1946, les membres de Sélah montèrent en convoi à Jiddin, lourdement chargés de matériel.

C'est alors qu'ils remplacèrent le nom de Sélah par celui de Yehi'am, en mémoire de Yehi'am Weitz.

La famille Weitz était célèbre dans tout le Yichouv, le foyer sioniste. Yossef Weitz faisait partie du Keren Kayemet Le Israël (KKL)[18]. Il était à l'origine de nombreuses colonies juives en Galilée occidentale et du côté de Beit Hakerem, près de Jérusalem, où résidait sa famille.

Chez nous, on l'appelait le père du kibboutz. Les anciens lui avaient expédié dans des boîtes à chaussures les premiers radis récoltés au pied de la forteresse. Et nous, les enfants de Narcisse, avions célébré sa vaillance lors de sa visite au kibboutz pour y fêter ses quatre-vingts ans. Nous en avions juste dix. À cette occasion, Rivka, notre institutrice, nous apprit le sens du mot “vaillance”.

Si le mot aristocrate n'avait pas été considéré comme une injure à l'HaChomer Hatzaïr, on aurait pu dire que Yehi'am Weitz incarnait le type même de l'aristocrate de la Palestine mandataire. Ses deux parents appartenaient à des familles connues, Weitz par son père, Altschuler par sa mère, son frère était le professeur Ra'anan Weitz, l'un des responsables du service de peuplement de l'Agence juive.

Yehi'am était né à Yavniel, l'un des premiers villages sionistes de basse Galilée, il avait grandi à Beit Hakerem, avait étudié au lycée hébraïque de Rehavia et avait été formé à l'HaChomer Hatzaïr. Après avoir travaillé dans le kibboutz Mishmar HaEmek, il partit étudier la botanique et la chimie à l'université de Londres, puis ayant achevé ses études avec succès, il fut admis à l'Université hébraïque de Jérusalem. Lorsque la Seconde Guerre mondiale éclata, il s'engagea dans les rangs du Palmach[19] et en fut l'un des premiers officiers.

La nuit du 16 au 17 juillet 1946, la "nuit des ponts", le Palmach fit sauter onze ponts métalliques et sabota des voies ferrées et des routes en huit endroits différents, pour couper le pays de ses voisins. L'unité de Yehi'am fut prise sous le feu des gardiens des ponts, et Yehi'am, touché le premier, fut tué sur le coup. Les treize autres combattants furent tués lorsque les tirs atteignirent les explosifs qu'ils transportaient, faisant sauter le pont qui s'effondra sur ceux qui s'étaient dissimulés derrière ses piliers.

Yehi'am Weitz avait vingt-huit ans, il était marié à la chanteuse Rama Samsonov. Il était le premier à porter le nom de Yehi'am, mais ce prénom se répandit par la suite, et fut aussi donné à des enfants nés dans le kibboutz.

Tom Segev décrit ainsi ses funérailles exceptionnelles :

> Il fut enterré comme il avait vécu, en digne fils de son père, éminent personnage d'une microsociété :

presque tout le monde connaissait tout le monde. "La Jérusalem hébraïque a conduit hier Yehi'am Weitz, le fils de Yossef Weitz, à son dernier repos", relatait le journal *Davar*. Le corps était enveloppé dans le drapeau national. Avec lui, treize autres hommes avaient été tués lors de la "nuit des ponts", mais leurs corps s'étaient volatilisés. Ses funérailles étaient aussi les leurs. La population avait été conviée : à Haïfa, où se déroulait la cérémonie, chacun avait cessé son travail, la circulation avait été stoppée et les écoles fermées. À Jérusalem, la procession eut du mal à se frayer un chemin tant étaient nombreux ceux qui accompagnaient le cercueil. Yehi'am fut enseveli sur le mont des Oliviers[20].

Les journaux poursuivaient en relatant l'histoire héroïque des fondateurs qui étaient montés à Yehi'am ; Raphaël, du noyau Nir du kibboutz écrivit dans son journal :

> Avec l'installation à Yehi'am, le kibboutz s'est scindé en deux parties : celle des jeunes gens, fière d'elle-même, célébrée par les journaux, enflammée par son ascension, acceptant toutes les difficultés avec amour. Et l'autre, à Kiryat Haïm, comprenant surtout des jeunes femmes. Elles travaillaient pour gagner de l'argent pour le kibboutz, s'occupaient des quelques enfants, et aspiraient à rejoindre Yehi'am.

*

Il n'y avait pas à Yehi'am de traditions de combat, on ne nous obligeait pas à connaître l'histoire, et on ne nous l'enseignait pas de façon méthodique. Nous voulions savoir, à chaque fois nous nous efforcions d'écouter attentivement, mais nous n'y parvenions pas. Parfois, nous avions l'impression de comprendre ce qui s'était passé, puis, brusquement, cela nous échappait, comme si cette compréhension tombait au fond des citernes de la forteresse, comme la pierre qui illustrait la loi de la pesanteur : elle tombait et tombait jusqu'au fond du puits, et nous attendions avec anxiété le bruit sourd qu'elle faisait en touchant le sol pour en estimer la profondeur.

Zvi Guershon et Nathan Pelesh nous racontaient qu'au début, à Yehi'am, les camarades vivaient dans la forteresse même. L'eau qu'ils parvenaient à stocker dans les vieilles citernes stagnait, devenait brunâtre, et des moustiques y pondaient des œufs. Pour la rendre potable, Nathan Pelesh y versait du kérosène qu'il enflammait. Mais si le kérosène était mal dosé, l'eau devenait imbuvable. Parfois les camarades s'évanouissaient les uns après les autres lorsqu'ils descendaient dans les puits antiques pour les curer.

Autrement, ils n'avaient pas d'eau. Il n'y en avait ni dans les puits ni ailleurs autour de la forteresse. Amener de l'eau était difficile et compliqué, le transport se faisait à dos d'âne. On envoyait, du haut de la forteresse, des messages en morse à Kiryat Haïm pour demander la quantité d'eau nécessaire. On calculait alors combien d'hommes et d'ânes il faudrait pour la transporter jusqu'à la forteresse, le camion ne pouvant monter que jusqu'à la vallée de Ga'aton. Sans compter qu'à cause des tirs fréquents, on ne pouvait pas s'arrêter longtemps dans la vallée.

Nettoyage des vieilles citernes d'eau dans la forteresse.

Ils nous racontaient l'isolement du kibboutz, coupé de tout ; il n'y avait pas encore de route. Les voitures allaient jusqu'à la vallée de Ga'aton d'où partait une piste empruntée par les hommes, les mulets et les ânes, elle était difficilement praticable en hiver et les jours de pluie. La séparation entre Kiryat Haïm et Yehi'am avait divisé les familles, les amis, les communautés. Le lien entre les deux moitiés du kibboutz se faisait par des messages en morse, que l'on s'envoyait surtout la nuit. On utilisait un appareil émettant des signaux lumineux visibles à quarante kilomètres alimenté par des batteries de voiture qu'il fallait recharger périodiquement. C'est ainsi qu'on s'échangeait les messages personnels, les salutations et qu'on faisait les demandes d'approvisionnement. Pour les sujets touchant à la sécurité, on chiffrait les messages.

*

Un an et deux jours après la montée à Yehi'am, à minuit et demi, la nuit du 29 novembre 1947, on reçut à Yehi'am, du kibboutz Sélah à Kiryat Haïm, le message suivant :

Vive l'État hébreu.

Et Yehi'am répondit :

Sélah de Yehi'am : Bonne chance à vous, depuis l'État arabe. Bonne nuit.

À partir de cette nuit-là, à la suite du plan de partage promulgué par la résolution des Nations unies, les frontières de l'État hébreu furent fixées au sud de Saint-Jean-d'Acre (sur les rives de la rivière Na'aman), et Yehi'am se retrouva, de ce fait, dans l'État arabe.

Tom Segev écrit dans *1967* :

> À la fin de 1947 débuta la guerre qui aboutit à la création de l'État d'Israël dans les frontières duquel furent compris Yehi'am, Jérusalem Ouest et d'autres territoires n'apparaissant pas dans le plan de partage. Yossef Weitz croyait que la réussite de l'entreprise sioniste nécessitait le transfert des Arabes de la Terre d'Israël vers les pays voisins. Pendant la guerre et après, il œuvra à l'expulsion d'Arabes des territoires conquis par Tsahal, empêchant le retour des réfugiés. Dans les années 1950 il poussa à l'émigration les Arabes israéliens de Jérusalem vers l'étranger. Et il continua à croire à l'idée de "transfert" jusqu'à la fin de sa vie[21].

De temps en temps nous montions vers la forteresse et l'un des anciens faisait de nouveau, pour nous ou pour celui qui l'accompagnait dans sa promenade, le récit des combats de la guerre d'Indépendance dont nous ne retenions que la fin. Nous comprenions parfois le début du récit, mais à d'autres moments il se dissolvait dans nos oreilles au fur et à mesure que nous l'entendions, et seule la fin nous restait. Les citernes pleines d'eau, la malaria, les coups de feu, dans quels convois ils avaient été tués, était-ce en route vers Yehi'am ou vers Kaziv, ou lors de l'attaque contre Yehi'am, ou dans les camps à Auschwitz. Un convoi en suivait un autre. Protégé par un blindé.

Cette nuit-là, Zvi Guershon, qui avait été nommé commandant du kibboutz, avait ordonné aux camarades de dormir chaussés, leurs armes chargées à portée de main. Il nous avait raconté que l'attaque contre Yehi'am, une petite implantation montagneuse isolée à laquelle on accédait par une seule piste serpentant entre des villages arabes, n'était qu'une question de temps. Il suffirait de faire sauter l'unique pont sur le Ga'aton pour la couper totalement du monde.

Un mois et demi après la nuit de la proclamation du plan de partage, le 11 janvier 1948, Yossef Weitz écrivait dans son journal :

> Ce matin j'ai rencontré les représentants des kibboutzim des environs. Je m'inquiète particulièrement pour Yehi'am. Les rares pluies n'ont pas assez rempli les citernes, et ils font venir l'eau de Nahariya à leurs risques et périls. Il faut impérativement goudronner la piste pour qu'elle devienne une route, c'est une dépense de 15 000 livres. Il leur faut des bâtiments, et du travail supplémentaires. Ils sont complètement

isolés. Pourront-ils tenir ? Et pour quoi ? Cette question me tourmente périodiquement, et je commence à douter de ce que je pensais avant la décision de l'ONU, que la création d'implantations agricoles juives dans l'État arabe tournerait à notre avantage. Je croyais fermement que le jour n'était pas loin où la Galilée occidentale serait nôtre, mais en suis-je toujours aussi sûr ? Sans cette foi, à quoi bon tous ces sacrifices, et ces investissements ? J'aurais voulu agir pour cet endroit, mais je craignais l'opposition des autres, en particulier celle du département des implantations. Et ces garçons sont si braves, si bons, ils n'hésitent jamais.

Neuf jours plus tard survint l'attaque qui surprit tout le monde par son intensité. Le 20 janvier 1948, au lever du jour, le kibboutz fut attaqué par un bataillon de l'Armée de libération arabe commandée par le leader arabe Fawzi al-Qawukji. Ce bataillon était composé de combattants des pays arabes voisins, enrôlés au Liban par Adib Chichakli, un des commandants de cette armée. L'attaque avait duré six heures, avec plusieurs tentatives de conquérir Yehi'am.

Le pont sur la rivière Ga'aton avait sauté. L'attaque était appuyée par un feu d'artillerie nourri et de tirs de mortiers qui s'abattaient sans cesse sur le kibboutz.

De Yehi'am on avait reconnu, sur la colline de Givat Haetz vers laquelle nous allions nous promener presque chaque semaine avec notre institutrice Rebecca, Adib Chichakli, le fameux chef militaire qui devait devenir plus tard président de Syrie. Monté sur un cheval blanc, il dirigeait les combats. Cette attaque fut la première d'une longue série pendant la guerre d'Indépendance et la plus violente.

Elle fut repoussée en causant de nombreux morts et blessés parmi les assaillants. Il y eut quatre morts et six blessés à Yehi'am. Six gardes qui accompagnaient en camion blindé le convoi amenant l'eau à Yehi'am furent aussi tués. Le camion avait été attaqué en route et avait pris feu.

À l'avant-poste pendant la guerre d'Indépendance, 1948.

Livraison de cigarettes et de nourriture au kibboutz assiégé par les combattants arabes.

*

Zvi Guershon racontait aussi que mis à part quelques tentatives de ravitaillement par parachutage de vivres à partir de petits avions, l'approvisionnement se faisait périodiquement par convois qui partaient de la zone côtière vers le kibboutz.

Le 27 mars 1948, un important convoi partit de Nahariya pour Yehi'am, il était escorté par quatre-vingts combattants. En chemin, il tomba dans une embuscade tendue par des habitants du village d'Al Kabri.

À Yehi'am on entendait tout, on voyait monter la fumée au-dessus de la zone de combat, mais on ne savait rien de ce qui s'y passait, ni de combien d'hommes était composé le convoi, ni quels membres du kibboutz s'étaient joints à eux (on s'arrangeait toujours pour rejoindre un convoi de camarades qui avaient réussi à se libérer du kibboutz pour régler des problèmes, surveiller l'approvisionnement, tandis que d'autres venaient à Kiryat Haïm pour une brève visite, c'était leur seul moyen de faire l'aller-retour entre les deux).

Zvi Guershon racontait que la première voiture blindée, durement frappée, était arrivée au kibboutz après avoir forcé les barrages. Il y avait à l'intérieur quatorze combattants, parmi eux le chef de bataillon Ethan Zeid qui avait été tué, le conducteur grièvement blessé et un autre combattant blessé. Ceux qui avaient pu rejoindre le kibboutz ignoraient ce qu'il était advenu du reste du convoi. En utilisant les moyens de communication en clair ou par message chiffré, on ne put connaître à Yehi'am le sort des hommes qui se trouvaient dans les autres véhicules.

Quarante-sept hommes, autant de combattants que d'accompagnateurs du convoi, furent tués.

Les anciens disaient que cette soirée avait été la plus terrible de toutes celles qu'avait connues Yehi'am en ces temps difficiles.

Avec la mise en déroute du convoi, Yehi'am se trouva assiégé. Une grande partie de l'armement stocké en Galilée occidentale fut détruite et personne ne savait combien de temps le kibboutz tiendrait avec les provisions et les armes restantes.

Dans une lettre écrite le 2 avril, moins d'une semaine après cette catastrophe, Avri Sélah décrit l'état d'esprit à Yehi'am, les tentatives infructueuses de créer une piste d'atterrissage pour le parachutage des vivres. Il décrit les tirs incessants auxquels ils sont soumis, le manque d'armement, et le sentiment d'incertitude face aux importantes forces de Kawukji concentrées sur Givat Haetz, à 1452 mètres de la forteresse. Il parle de leur deuil.

Te parler de l'ambiance ici ? Tu la connais sûrement. Haïm Drori, l'âme du kibboutz, le planificateur des tâches, membre du secrétariat, centralisateur des achats, était si impliqué dans la vie du kibboutz. Il nous semble encore si vivant qu'il m'est difficile de parler de notre vie sans me plaindre de Haïm qui a fait ceci ou cela. Et Laki était venu il y a à peine trois semaines, souriant à son habitude. Un bon garçon, si dévoué. Et Raphaël, un grand gars hirsute, qui écrivait sans cesse, qui réfléchissait beaucoup. Nous avons perdu en une journée trois camarades qui nous étaient chers. Difficile d'imaginer notre vie sans eux.

Deux jours plus tard, le 4 avril, les forces de Kawukji donnent de nouveau l'assaut à Yehi'am. Les tirs débutent au moment où l'avion parachutait les vivres et se poursuivent pendant plusieurs heures, mais il n'y a pas de tentative d'envahir le kibboutz.

Shosh Shoresh, l'opératrice radio qui avait fait partie du groupe isolé resté à Yehi'am pendant toute la guerre, racontait que c'est seulement avec la conquête de Tarshiha et de la Galilée occidentale, lors de l'opération Hiram du 30 octobre 1948, que la guerre prit fin à Yehi'am. Ce jour-là, elle envoya ses deux derniers messages à Nahariya : "À sept heures cinq, le drapeau blanc a été hissé sur la mosquée de Tarshiha", et "Je ferme la station jusqu'à nouvel ordre".

*

Lorsque nous étions en CE2, Hanetza nous apportait tous les mardis soir, à Narcisse, des recueils de chansons imprimés sur papier stencil. Ces soirs-là, nous ne chantions pas le bataillon de Boudionny galopant au combat, mais des chansons plus lentes et tristes, comme celle de la fille du pêcheur. Nous apprenions aussi des mots nouveaux, comme "ténèbres", "trêve", "gardien".

De temps en temps Hanetza interrompait le chant pour nous parler des premiers enfants du kibboutz. Elle en avait été la première éducatrice, à l'époque où le kibboutz se trouvait encore à Kiryat Haïm et se nommait encore Sélah. Elle racontait que la présence d'enfants plus âgés que le kibboutz lui-même avait contribué à forger son unité. Dans l'unique bâtiment alloué aux membres sur le territoire de Kiryat Haïm, on avait attribué une place aux quatre enfants. Le premier groupe s'appelait HaSélah, le Rocher, comme le kibboutz à ses débuts, avant qu'il change son nom en Yehi'am.

Les premiers enfants du kibboutz. Au fond, la forteresse des Croisés.

Elle nous racontait aussi que le kibboutz n'avait réellement été fondé qu'à la fin de la guerre d'Indépendance car il avait été pratiquement impossible de bâtir à cause du siège et des tirs d'artillerie auxquels la forteresse avait été soumise. Ensuite on avait continué à dynamiter des rochers à Yehi'am pour chercher des sources d'eau.

Pendant toute cette période qui avait duré plusieurs mois, presque une année, les femmes et les enfants étaient restés à Kiryat Haïm. L'année de la fondation du kibboutz avait duré une éternité, disait Hanetza. Pour les camarades demeurées en bas, cela avait été la période la plus pénible. Elles étaient de moins en moins nombreuses, tous les jours on déménageait quelque chose, quelqu'un partait pour Yehi'am, et elles restaient en bas. Elles ne pouvaient pas participer à la création du kibboutz et devaient se contenter de comptes rendus et de quelques visites.

C'était devenu insupportable, disait-elle. Comme il n'y avait déjà plus de cuisine, elles étaient obligées d'aller manger au kibboutz HaHotrim dont les membres occupaient le terrain voisin, comme si elles étaient des leurs et non de Yehi'am. Elles n'avaient aucune possibilité d'organiser une vie sociale.

Un jour de 1949, au début du mois de juin, un taxi était arrivé à Kiryat Haïm, Eliezer en était descendu et avait couru tout droit vers les poussins qui attendaient d'être expédiés à Yehi'am. Hanetza avait alors senti que la coupe était pleine et avait crié avec colère que tout et tout le monde, même les poules, passaient avant les enfants, comme si là-haut, dans la forteresse, les gens avaient oublié qu'ils avaient des enfants. C'était après avoir maintes fois prévenu que les camarades femmes étaient sur le point de monter avec les enfants, mais personne ne l'avait écoutée.

Elle avait dit à Eliezer que le taxi devait d'abord emmener les enfants à Yehi'am et que les poussins pouvaient attendre. Elle avait détourné le taxi. Une fois arrivées là-haut, elles avaient dit : Nous voilà. À Yehi'am, personne ne les attendait et rien n'était prêt. Mais malgré les difficultés, ou peut-être à cause d'elles, les éducatrices s'étaient réjouies, les camarades aussi et les enfants étaient heureux de se retrouver ensemble après cette longue séparation de près de deux ans et demi, depuis la montée du groupe à Yehi'am et la scission du kibboutz.

Le 12 juin, juste une semaine plus tard, le premier bébé naquit à Yehi'am. C'était Ofer, mon frère aîné, et à l'occasion d'une fête du kibboutz ou du jubilé, ma mère avait dit que cette joie avait tout balayé.

Comme dans les légendes, la cabane qu'elle occupait avec mon père leur avait semblé nimbée d'un halo d'une infinie bonté. Ils n'avaient jamais rien vécu ensemble d'aussi intense, jamais ressenti ensemble une pareille félicité.

Tous furent enveloppés dans cette vague de bonheur, tous vinrent les féliciter. Ofer a fait partie du groupe Horesh, Bosquet, le deuxième du kibboutz.

*

À la fin de l'année 1949, quand vint l'hiver, le premier que les enfants passèrent à Yehi'am, Hanetza se dit qu'elles avaient peut-être commis une grave erreur en décidant de monter à Yehi'am avec les enfants. On ne pouvait rien faire avec eux pendant cette saison. Le kibboutz se composait alors d'une seule cabane en tôle, de l'atelier de mécanique, de la menuiserie à côté de la forteresse, et de la boulangerie. Les membres vivaient dans de petits baraquements qui, comme la cordonnerie, laissaient passer la pluie. Il était impossible de faire la lessive, de faire sécher les chaussures. Il n'y avait ni chemins, ni trottoirs, tout était boueux. Il n'avait pas cessé de pleuvoir pendant deux semaines.

*

Hanetza nous parlait des enfants des débuts du kibboutz, puis nous recommencions à chanter. Le soir où nous avons appris la chanson de la fille du pêcheur, il faisait très froid et de terribles coups de tonnerre éclataient au-dessus de nos têtes. Nous étions tellement subjugués par les récits de Hanetza sur les premiers enfants, sur le terrible hiver des premiers jours du kibboutz, et aussi par la nouvelle chanson que nous venions d'apprendre que tout se mélangeait dans nos cœurs, la ferme de la montagne, les ténèbres, et le bord de mer de la fille du pêcheur. Et après que Hanetza nous avait souhaité bonne nuit et fermé la porte, nous continuions à chanter, comme une prière, notre nouvelle chanson. (Les paroles sont de Benjamin Abigaïl et la musique de Myriam Abigaïl) :

Le pêcheur lance sa barque sur l'onde
Pour voguer sur la mer profonde
Sur la grève une fillette aux yeux gris
Adresse une prière vers l'infini.

Mon Dieu, créateur des infinies profondeurs,
Gardien des chemins des ondes et des eaux
Comme moi des enfants attendent sans repos
Ce sont les enfants des pêcheurs.

Le pêcheur disparaît dans l'horizon sans lueur
Le vent souffle en tempête, sans trêve
Quelque part, dans les ténèbres, sur la grève
Gémit la fillette du pêcheur.

Mon Dieu, créateur des infinies profondeurs,
Gardien des chemins des ondes et des eaux
Comme moi des enfants attendent sans repos
Ce sont les enfants des pêcheurs.

Le pêcheur rame vers la rive, vers les rochers
Franchissant les vagues et le flot

La fillette du pêcheur, qui peut l'égaler
Murmure vers la mer, vers les eaux.

Mon Dieu, créateur des infinies profondeurs,
Gardien des chemins des ondes et des eaux
Comme moi des enfants attendent sans repos
Ce sont les enfants des pêcheurs.

6

Yehi'am, en avant Yehi'am, hey, hey
De jour comme de nuit, Yehi'am
De jour comme de nuit, Yehi'am
Nous serons heureux, heureux à Yehi'am
Nous serons heureux, heureux à Yehi'am
De jour comme de nuit, Yehi'am
De jour comme de nuit, Yehi'am
Yehi'am, en avant Yehi'am, hey, hey

On comptait toujours à rebours à partir de dix avant d'entonner la chanson que l'on commençait tantôt au croisement de la carrière, tantôt au tournant du Ga'aton. Nous ne savons plus qui comptait ou qui donnait le signal du compte à rebours. Nous n'étions pas fanatiques de l'hymne du kibboutz, d'ailleurs ce n'est pas ainsi que nous l'appelions. Si on comptait, nous chantions. Sinon, nous chantions des canons interminables, des airs sans queue ni tête comme *"Hey! la route serpente et s'étend longue, longue, la prairie verte sur chaque colline"*, deuxième voix : *"Hey! li lou li lou li, la prairie verte sur chaque colline."*

À l'aller comme au retour, nous partions en pick-up chez les médecins de Nahariya ou vers les champs de Yehi'am dans la vallée de Kabri, ballottés par l'espoir qu'une Katioucha tombe sur le cabinet de l'ORL du dispensaire et que nous rentrions en retard pour nos corvées. La pancarte portant la mystérieuse inscription "Prière de ne pas jeter dans le seau cigarettes et allumettes dehors" nous plongeait dans des abîmes de stupéfaction. Nous nous creusions la tête en essayant de deviner comment ponctuer la phrase pour qu'elle ait un sens ; l'inscription recommandait-elle de jeter cigarettes et allumettes dehors, et non dans le seau ? Et, au fait, quel seau ?

Le chant de Yehi'am ne ressemblait pas à celui des autres kibboutzim, il ne s'accompagnait pas d'une chorégraphie particulière et n'avait pas de mélodie propre. C'était presque une récitation et les "hey ! hey !" éclataient brusquement, comme dans les chants de berger. Comme si celui qui les avait composés s'était appliqué une matinée entière avant de vite retourner travailler dans les champs.

*

Toutes les quelques années, Yaacov R. était réélu secrétaire du kibboutz et comme tel, il prononçait un discours et levait son verre à Rosh ha-Shanah et à Pâque. Ses allocutions étaient pleines de récoltes, comme celles de tous les secrétaires, mais une ironie légère les accompagnait en sourdine, comme la deuxième voix d'un chœur. "Santé, camarades !" disait-il énergiquement, en brandissant son verre et en levant les yeux des statistiques des récoltes, après avoir expliqué que les bananiers avaient été frappés par la grêle et les avocatiers par le gel. Une minute plus tard, dans le même discours, après avoir évoqué le brusque changement politique qui ne laissait aucun espoir à la gauche, c'est-à-dire à nous, son "Santé, camarades!" sonnait autrement. Il continuait ainsi, une mauvaise nouvelle après l'autre, et à la fin, d'une voix amère qui démentait ce qu'il allait dire, il reprenait son refrain plaintif : "Santé, camarades!"

L'ironie sarcastique de Yaacov R. ne signifiait ni le désespoir, ni la moquerie. C'était un des moyens qu'il utilisait pour éclaircir les différents points qu'il soulevait. Il avait une parfaite maîtrise de ses mots : il jonglait avec ses arguments, les immobilisait un instant en l'air, pour que tout le kibboutz puisse les examiner sous toutes les coutures, puis les faisait redescendre sur terre.

Comme c'était un homme d'action et le meilleur orateur du kibboutz (son style très peu fleuri était presque lyrique), il avait été d'emblée choisi, pour son mérite, pour définir la voie à suivre. C'est lui qui avait rédigé et lu le rouleau de Jiddin portant le serment de fidélité que les camarades avaient signé de leur sang la nuit précédant leur montée à Yehi'am. Puis il avait été l'avocat du kibboutz et l'avait représenté devant les diverses instances. Pendant la guerre d'Indépendance et le siège de Yehi'am, il avait circulé au péril de sa vie entre Haïfa, Tel-Aviv et Jérusalem. Il s'était démené pour faire venir à Yehi'am tout ce qui manquait – la terre, le gagne-pain, la nourriture, l'eau, les munitions, les cigarettes – enfin tout le nécessaire.

*

Durant la guerre, lors de la réunion du 15 mai 1948 qui devait décider du destin du kibboutz, alors que celui-ci était encore partagé entre Kyriat Haïm et

Yehi'am, il avait soulevé la question restée en suspens depuis sa fondation sur cette colline rocheuse et isolée. Et quand plus tard, il s'était trouvé, selon le plan de partage de l'ONU, dans les frontières de l'État arabe, exposé à de durs combats : "Y a-t-il la moindre chance de pouvoir vivre ici?" avait-il demandé. "Et qui doit fortifier ce poste avancé, le kibboutz ou l'armée?"

En fait, le débat avait tourné autour de la question de rester à Yehi'am ou de partir.

"Notre objectif est celui de tout kibboutz, avait dit Yaacov, nous voulons avant tout nous consolider et fonder une communauté, *komouna*, agricole. J'ai demandé aux autorités pourquoi on n'évacuait pas Yehi'am. Toutes les réponses que j'ai obtenues étaient d'ordre stratégique. Ils ne nous considèrent pas comme une colonie, mais comme une place forte capable d'assurer la protection de la Galilée occidentale. Nous ne pouvons pas prendre de risques. Les militaires savent que seul un kibboutz peut tenir une position, que la seule force militaire est insuffisante. Je ne sais pas quelles sont les considérations politiques de notre mouvement national, celui des kibboutzim de l'HaChomer. Et je ne suis pas sûr que le mouvement puisse exiger ce statut, mais tel doit être notre objectif."

À la fin de la réunion, il fut décidé que Yaacov et Abush transmettraient aux autorités, ainsi qu'à Yossef Weitz, le compte rendu du débat et ce qui se passait au kibboutz.

Trois jours plus tard, le 18 mai 1948, Yossef Weitz écrivait dans son journal :

> Après la prise de Saint-Jean-d'Acre, la Galilée occidentale a été libérée hier, mais le problème de Yehi'am

reste entier. Abush et Yaacov, des camarades du kibboutz, sont venus me voir. Le moral là-bas n'est pas bon. La nourriture manque, l'eau est rare. Ils sont soumis jour et nuit à des tirs d'artillerie. Seul le tiers ou le quart des vivres qu'on leur parachute leur parvient et, là-bas, les gens se demandent : quel est le but ? Si Yehi'am se retrouve dans les frontières de l'État arabe, on n'y construira rien, et alors, à quoi bon ces sacrifices ? Nos dirigeants ne cessent de proclamer que nous ne prendrons rien de plus que ce que l'ONU nous a attribué. C'est une réponse que j'ai du mal à accepter, je ne suis pas d'accord. Nous devons occuper la Galilée occidentale, ou la Galilée tout entière, car nous avons versé notre sang pour elle. Mais j'accepte l'évacuation du kibboutz, et si le commandement considère l'endroit d'un point de vue militaire, qu'il y envoie des troupes, et ne se repose pas sur des implantations. Il faut mettre les choses au clair avec le commandement à Haïfa. Je t'envoie par ce courrier un article du *Yedioth* du secrétariat du mouvement national de l'HaChomer Hatzaïr qui parle de l'attaque de Yehi'am. Le signataire de l'article n'est plus…

Il s'agissait de la description de la première attaque de Yehi'am de janvier 1948, l'article avait été rédigé par Raphaël, du noyau Nir. Il avait été tué deux mois plus tard, dans un convoi montant à Yehi'am.

*

À la fin de la guerre, le kibboutz reçut des terres dans la vallée du Ga'aton et dans celle de Kabri. À midi, tous les membres se rassemblèrent pour assister à la réunion entre les responsables des communautés agricoles et ceux du mouvement national des kibboutzim. La question, l'éternelle question de l'abandon du kibboutz fut de nouveau débattue, mais cette fois d'un point de vue civil, économique et agricole : fallait-il rapprocher le kibboutz des terres qui lui avaient été attribuées, ou bien rester là, à Jiddin-Yehi'am, aux pieds de la forteresse où il n'y avait presque pas de terre arable ?

Au cours de la discussion, arguments sentimentaux et économiques s'opposèrent. Tous ceux qui prirent la parole évoquèrent leurs amis et proches qui avaient sacrifié leur vie pour que les autres puissent rester dans cet endroit. Comment pourraient-ils l'abandonner maintenant ?

En fin de compte, la majorité des membres vota pour le maintien du kibboutz sur le site de Yehi'am qu'ils ne voulaient pas quitter à cause de sa beauté sauvage, à cause des vivants et des morts, et les champs demeurèrent au loin, séparés du kibboutz.

*

La césure créée à Yehi'am entre champs et kibboutz était exceptionnelle au regard de l'idéologie et de la structure socio-économique des kibboutzim en général. Selon elles, leur proximité exprimait l'essence même de l'homme nouveau, bâtisseur et créateur. Le travail n'était pas un mode d'accomplissement personnel, mais un acte créateur en soi et le fondement même de la régénération.

Dans le kibboutz de la montagne, les conditions géographiques éloignaient l'homme de ses champs, comme si montagne et vallée reflétaient la séparation existant entre l'homme et l'œuvre de ses mains.

L'éloignement physique entre Yehi'am et les champs avait accru les difficultés d'exploitation et de circulation, mais il n'avait pas détruit le lien entre les membres du kibboutz et les champs. Comme dans tous les kibboutzim, ceux-ci étaient au cœur des préoccupations de chacun, au centre du récit que nous élaborions sur nous-mêmes, et la source constante du désir de battre des records.

Rien n'interrompait le travail des anciens, ni les quotas qu'ils avaient remplis, ni les fêtes, ni le shabbat, ni les enfants, ni le repos. Comme dans un laboratoire géant, infini dans l'espace et le temps, ils plongeaient dans le travail et le contemplaient en bâtissant le kibboutz.

Ramassage de la caillasse pour nettoyer, préparer le sol.

Dov P. racontait que les premières années de la création des bananeraies, après le défrichage du terrain en 1954, avaient été les plus heureuses de sa vie. Il attendait le matin ; la nuit qui interrompait les travaux l'impatientait, il se levait et fumait (ou fumait et se levait) et pensait aux bananiers dans la vallée, et à la tâche de chaque homme de l'équipe. Quinze ou dix-huit camarades en sueur avaient récolté trente tonnes de bananes. Le record était de soixante-dix tonnes en un seul shabbat. Ils étaient rentrés morts de fatigue et heureux. En l'espace de quatre à cinq ans, Yehi'am avait eu les plus vastes terrains de la région.

Les anciens étaient satisfaits de leur travail. Leur salaire était leur labeur et vice versa. Nous suivions avec anxiété les rendements des récoltes, comme on suivrait les péripéties d'un drame qui se déroulait sous nos yeux. Les records battus en agriculture étaient la seule compensation possible. Il n'y avait ni salaire, ni prime d'aucune sorte. La récompense était plus douce que toute rétribution matérielle, douce comme l'art, comme une œuvre, comme le prix authentique d'une œuvre, comme une assurance, comme une banane cueillie sur l'arbre.

Les records étaient mentionnés dans le bulletin du kibboutz en fonction de la saison : par exemple, le plus grand régime de bananes de la saison (42 kilos). Le plus grand poids moyen d'un régime de bananes cueilli jusqu'à la fin février (24,3 kilos).

Les inventions, les perfectionnements, les innovations en agriculture étaient considérés comme des records d'expertise, car ils combinaient plusieurs valeurs à la fois : la créativité, la productivité et le zèle. Durant le siège, Zvi Guershon et Yosské avaient inventé leurs propres armes (ils avaient fabriqué des mines et des bombes en se servant de pinces, d'un marteau et d'un tournevis, et avec une perceuse à main ils avaient fait des dizaines de dispositifs explosifs qu'ils avaient disséminés sur les barrières, et des mines antipersonnel qu'ils avaient enterrées sur les chemins menant à Yehi'am) et après la guerre, Zvi avait continué à inventer des moyens d'augmenter les rendements agricoles. Par exemple, il avait trouvé qu'il était possible d'atteler quatre semoirs à blé au tracteur, ce qui multipliait le rendement des semis. Le bulletin mentionnait qu'on était venu voir cette invention de tous les kibboutzim à la ronde, et qu'on l'avait imitée.

Récolte des bananes.

Grâce aux hybridations que Yaïr Argaman avait pratiquées dans les vergers, il avait doublé les records de rendement en Israël. "En deux ans et demi, depuis que le verger a été planté, nous avons obtenu une récolte de deux tonnes par *dounam* (c'est-à-dire par 1 000 mètres carrés : le double de ce qu'on obtient habituellement en Israël sur des arbres de cet âge). Ce rendement constitue un record national."

Et le bulletin précisait que des chercheurs étaient venus des quatre coins d'Israël, des formateurs et des agriculteurs, pour voir cette récolte extraordinaire de plus du double de la norme.

*

Yaacov R. et Yehuda Hariri pensaient tout le temps au travail, même après les heures de travail. Ils y réfléchissaient en marchant, mains dans le dos, le corps penché en point d'interrogation, allant et venant, et creusant leurs idées.

Même à l'heure du coucher des enfants, pendant le quart d'heure où ils venaient nous raconter des histoires pour nous endormir, l'idée leur trottait dans la tête, et ils arpentaient le couloir ou la chambre d'à peine quatre mètres de long. Arrivés à un bout, ils faisaient demi-tour, se remettaient en marche, s'arrêtaient et faisaient à nouveau demi-tour. Ils pensaient au travail, à des idées, à des problèmes et à leurs solutions.

Yaacov R. était le meilleur orateur du kibboutz. Il n'utilisait pas de grands mots, mais des termes concrets et persuasifs. Et comme c'était aussi un travailleur, il était parfois saisi de haine pour sa propre force de persuasion et refusait de parler. Alors, tout le kibboutz changeait brusquement de camp, comme au jeu du tir à la corde que l'on jouait à Shavouot, fête des Prémices, et insistait pour que Yaacov parle. Il en était ainsi depuis le début, depuis la réunion du kibboutz du 20 mai 1947, lors de laquelle on avait débattu de la fête de la route. Le kibboutz était encore divisé. En haut, on avait voulu célébrer ce grand événement, l'achèvement d'une partie de la route menant à Yehi'am. Au cours de la réunion, on avait dit :

"Nous nous sommes heurtés au problème du discours pour la fête. Le fait que Yaacov se rende au séminaire ne change rien. Il pourrait revenir pour deux jours. Yaacov s'est opposé au secrétariat, mais il doit convaincre le kibboutz."

Yaacov se leva. "Je ne peux rien dire à l'occasion de cette fête, car je n'ai rien à dire. Le discours est un art. De même qu'il est impossible d'écrire un poème sur commande, je ne peux pas prononcer de discours pour cette célébration."

Résultat du vote : Obliger Yaacov à parler : 20 pour, 5 contre.

L'éloquence de Yaacov ne passait pas par l'écrit, il n'était pas non plus de ceux qui aspiraient à devenir députés à la Knesset ou à occuper une position qui mette en valeur ses talents. Son art se nourrissait de son lien avec la communauté, il était lié à l'action. Lorsqu'il abordait un sujet, nous pouvions en examiner toutes les facettes, le pour et le contre, comme les différentes faces d'un cube. Une fois, il nous avait dit :

"Il y avait une conception superficielle de la dichotomie existant entre l'individu et le collectif. L'idée était celle de la grande importance accordée à l'individu, et la croyance que plus l'individu agissait et se dévouait pour le collectif, plus il s'accomplissait.

Telle était l'idéologie, et nous nous en contentions parfaitement. Il y a toujours eu des camarades dont la contribution à la collectivité était moindre, et nous, qui y contribuions beaucoup, nous nous estimions beaucoup plus heureux et meilleurs qu'eux. C'était en grande partie vrai. Eux devenaient de plus en plus aigris, et nous, nous sentions que nous bâtissions un monde. La notion de sacrifice de l'individu pour la communauté n'existait pas, il s'agissait plutôt de l'accomplissement de l'individu à travers la communauté." Puis Yaacov avait ajouté "Inutile de dire que cette philosophie n'a pas résisté à l'épreuve de la réalité, ni à celle du temps. Ce n'est plus qu'un anachronisme, il n'y a pas à y revenir."

À la fin de la réunion il réfutait toujours ce qu'il venait de dire, ou bien l'atténuait, comme s'il mettait son idée en veilleuse pour que d'autres puissent présenter les leurs. À cause de sa faculté de persuasion, il se devait aussi d'exposer les idées des autres.

*

Les discours de Yaacov nous emmenaient en un mouvement de balancier du monde des idées à celui de la réalité. Lorsqu'ils atteignaient leur but, ils ressemblaient aux innovations agricoles – des records réels – ou bien aux modèles réduits fabriqués par Ari avec des allumettes.

Ari jouissait d'un statut particulier. Ce n'était pas un ancien, il n'appartenait à aucun noyau, à aucun groupe arrivé par la suite, en fait c'était un enfant du kibboutz, du groupe Horesh, le deuxième, et le frère aîné de Zohar qui appartenait au nôtre. Depuis l'âge de douze ans, le bulletin mentionnait régulièrement ses travaux manuels au même titre que les récoltes du verger et des bananeraies. Ari pouvait construire n'importe quoi avec des allumettes. Tout le kibboutz suivait avec passion ses records personnels qu'il battait régulièrement chaque année avec une nouvelle œuvre présentée à l'occasion de la fête du kibboutz. En 1963, pour la dix-septième fête, le bulletin notait :

> Mais sans aucun doute, les constructions en allumettes d'Ari, une tour Eiffel, un train et un pont de bateaux, ont constitué le clou des attractions de la fête. Pour donner une idée du travail accompli, il suffit de mentionner que le bateau seul a nécessité 37 280 allumettes, ce qui représente près de 980 boîtes.

Plus tard, les maquettes d'Ari ont ressuscité le kibboutz lui-même, avec sa tour-silo et ses maisons.

Lorsque tout le kibboutz se tenait au-dessus des petits modèles réduits d'Ari présentés sur des tables et que nous nous penchions pour mieux voir les détails, nous étions littéralement absorbés. Oubliant parfois que ce n'étaient que des maquettes, nous y pénétrions et nous y promenions en pensée et quand soudain il fallait revenir au monde réel, nous nous figions d'effroi. L'espace d'un instant, la copie et l'original s'inversaient, nous tremblions que le kibboutz lui-même ne soit qu'une maquette, un modèle réduit d'une chose plus grande dont le développement aurait été dévoyé pendant sa croissance et pour lequel tous les travaux accomplis auraient été vains ; personne ne viendrait après nous, personne n'agrandirait le kibboutz. Seules nos chaussures de travail résonnaient sur les trottoirs de pierre. Nous craignions que notre kibboutz, tout comme les modèles réduits d'Ari, tout comme les cabanes de branchages que nous construisions lors des sorties de l'HaChomer Hatzaïr, ne soit qu'une décoration, une concrétisation des idées de Yaacov R., une image. Comme si notre destin, celui de tout le kibboutz, avait toujours été un décor de poupée dans lequel se promenait, depuis l'étable et la bergerie, une minuscule troupe échappée d'un théâtre de marionnettes.

Les maquettes d'Ari nous procuraient une ivresse curieuse, elles ressemblaient aux discours de Yaacov, tous les deux nous enivraient. Entre la réalité et l'air raréfié et exaltant des hauteurs, nous vivions l'espace d'un instant au sommet d'une tour, dans un rêve de justice, d'égalité et de vérité, que nous avions bâtie dans les airs.

7

Grâce à la colline et à la forteresse, Yehi'am avait échappé au morne décor uniforme des kibboutzim. On ne pouvait pas y circuler à vélo à cause des pentes abruptes, mais l'ennui ne l'envahissait pas comme le brouillard.

À Yehi'am, la nature était sauvage et offrait une riche palette de couleurs ; les maisons sous la forteresse semblaient avoir été bâties dans un parc naturel. Le kibboutz était plein de fleurs, de bosquets, de plates-bandes de terre fertile, de pelouses, de jardins de rocaille, de recoins abrités verts, jaunes, roses, blancs. Chaque saison apportait sa floraison, les arbres perdaient leurs feuilles ou reverdissaient.

À la tombée de la nuit, les volontaires envoûtés regardaient le ciel. Ils disaient que, dans les villes d'où ils venaient, les constructions et l'éclairage urbain masquaient le ciel, qu'ils ne savaient pas ou avaient oublié qu'il y avait tant d'étoiles. Ils s'allongeaient sur la pelouse de la salle à manger, sur l'esplanade de la forteresse, le visage tourné vers le ciel pour observer la Voie lactée. L'obscurité autour du kibboutz était totale, présente, mais immatérielle. Éclairé par les étoiles au ciel et les vers luisants au sol, on pouvait trouver son chemin et prendre des raccourcis.

Ceux qui travaillaient au poulailler avaient inscrit sur le tableau d'affichage "Ceux qui s'intéressent, en plus du poulailler, aux animaux nocturnes, peuvent observer les cerfs, les sangliers, les serpents et les chacals."

Après le travail, les volontaires s'asseyaient au bord de la piscine, près de la forteresse, au club du kibboutz – qui était une salle de détente avec livres et journaux – ou sur la pelouse de la salle à manger et écrivaient à leur famille de longues lettres d'une petite écriture ronde sur des feuilles de papier fin. Ils leur décrivaient la forteresse des Croisés, la Voie lactée, le saule pleureur sur la pelouse de la piscine, la couronne de bosquets à l'entrée du kibboutz, les oranges qu'ils avaient cueillies à midi ce jour-là, les chacals et les sangliers.

Nous marchions sur les trottoirs de pierre. Nous ramassions sous les chênes des cupules pour en faire des chandeliers biscornus. Nous retournions les pierres du chemin pour observer les vers de terre rampant sur les aiguilles de pin.

Nous ne parvenions pas à imaginer ce que pouvait être Yehi'am avant, à nous figurer qu'avant il n'y avait rien, excepté la forteresse. Vingt ans plus tôt, l'endroit était une terre *aride.*

*

La forteresse et le terrain alentour avaient été acquis en 1938, huit ans avant la fondation du kibboutz. Les officiels du KKL de la région Nord les avaient achetés en une sorte de concours interne avec ceux de la région Sud. Le terrain présentait de nombreux inconvénients, car il n'y avait pas de terre arable. Rien que des rochers. La beauté de la forteresse ne présentait aucun avantage pour une implantation agricole.

“Il y avait là 3 342 *dounams* de sol pierreux, d’une désolation et d’une pauvreté inimaginables”, écrit Mordechaï Shakhvitz dans un témoignage, *Au bord de l’Orient et au cœur du Centre*. “Seuls cinquante à soixante *dounams*, autour de la forteresse et sur le plateau, au milieu d’un terrain rocailleux, étaient susceptibles d’être cultivés.

À l’époque de l’acquisition de ce terrain qui semblait si peu convenir pour la fondation d’une communauté agricole, la rivalité opposant les responsables du sud à ceux du nord avait poussé ces derniers à vouloir démontrer à [Yossef] Weitz que ce que Yoav pouvait faire au sud, ils pouvaient le faire au nord.

[…]

Le terrain avait été acquis par un Arabe chrétien, [Habib] Hawa, père de la poétesse Raymonda Tawil [et grand-père de Souha Arafat], si active dans la guerre que les Palestiniens mènent contre nous. Comment cette terre était tombée en sa possession, le diable seul le sait. Apparemment ses ancêtres l’avaient reçue des Turcs par des moyens détournés comme cela se faisait au siècle précédent, et s’ils l’avaient payée, la somme était certainement insignifiante.

[…]

Sur ces terres, en particulier sur le petit terrain à l’ouest, étaient installés des Bédouins de la tribu Arab As Suweitat et ils y cultivaient du tabac. D’après l’acte de vente, ils devaient quitter les lieux et des indemnités leur avaient été versées. Mais ils refusèrent de partir, espérant par leur arrogance obtenir une indemnité double.”

*

Les camarades parlaient d'Israël Kaspi, le premier jardinier du kibboutz, comme d'un miracle, sans toutefois prononcer le mot interdit (car un miracle est indépendant de la volonté humaine et crée à partir de rien, alors qu'au kibboutz nous croyions en la relation de cause à effet, et nous avions foi en l'homme et en ses œuvres. C'est pourquoi nous utilisions toujours le mot vision). Ils disaient qu'il avait été impossible de croire en sa vision, car ce qu'il voyait était si extravagant que c'était de l'ordre de l'imaginaire.

Partout ailleurs en Israël, disaient les camarades (peut-être était-ce quand Yoash nous avait parlé du kibboutz de la montagne, ou peut-être était-ce les camarades qui en avaient discuté entre eux, sur l'estrade, lors d'une fête du kibboutz), il était relativement facile de semer du gazon, des fleurs et des arbres, mais à Yehi'am, l'endroit idéal pour un poste militaire retranché dans la forteresse perchée sur une colline isolée, il n'y avait rien qui permette de faire vivre une communauté agricole, il avait fallu tout apporter de la vallée : la terre, l'eau, la nourriture, les armes et les munitions (tant pour se défendre contre les fusillades que pour dynamiter les rochers et viabiliser le terrain).

Les explosions de charges de dynamite précédées de cris d'avertissement hurlés ont longtemps résonné à Yehi'am, des années après notre naissance. Yehi'am était bâti sur un sol rocailleux. La culture de chaque *dounam* avait nécessité des centaines de journées d'un travail farouche et exténuant : dynamiter les rocs, retirer les débris, et construire des terrasses. Puis il avait fallu apporter de la terre de la vallée pour enfin semer de l'herbe, planter des arbres et des fleurs. À côté de chaque maison construite, on avait investi des heures d'un labeur éreintant et de grandes ressources financières. Par exemple, la plantation de la pelouse de la salle à manger avait exigé un volume de deux cents camions de terre montés depuis la vallée.

Israël Kaspi, racontaient ceux qui avaient travaillé avec lui, avait une image en tête, sur le style et les couleurs de la végétation, les trottoirs et les jardins de rocaille. Sur tout ce qui n'existait pas encore. Cette vision l'avait rendu expert en tout ce qu'elle exigeait : tracer des chemins, percer des routes, monter des palissades. Il était devenu spécialiste de la construction, de la conduite de tracteurs, du maniement d'outillage lourd et de l'irrigation.

Comme il voulait conserver autant que possible le paysage naturel de Yehi'am, il avait utilisé des pierres de l'endroit et non du béton pour faire les trottoirs. Il s'en était servi aussi pour créer les jardins de rocaille naturelle. Il avait rapporté du *wadi* les arbres de Judée qui teintaient de mauve tout le kibboutz, comme les autres couleurs que tel un peintre il avait vues en imagination et qu'il cherchait dans les environs, dans les montagnes et les vallées, et qu'il rapportait à Yehi'am pour les planter.

À la fin de la guerre d'Indépendance, il avait élagué les buissons poussiéreux de surgeons de chênes atrophiés et rongés par les chèvres qui se trouvaient alors à l'endroit où devait être plantée, plus tard, la pelouse de la salle à manger. Il avait dit que de grands chênes croîtraient de ces pousses. C'est impensable, disaient les camarades. Avec les années, le kibboutz se peupla pourtant d'arbres qu'il avait trouvés sur et élagués pour certains et apportés des environs, pour d'autres : ormes, pins, cyprès, plantés près des térébinthes et des chênes qui avaient poussé, vigoureux, à partir de buissons pitoyables et décolorés, pour devenir des arbres au feuillage épais. Aux premiers temps du kibboutz, tout était sec et dénudé et, de la colline, le regard portait jusqu'au lac de Tibériade. Puis soudain, il avait fallu monter sur la forteresse pour voir le même paysage par-dessus les arbres et les bosquets.

C'est pendant ces premières années, entre 1949 et 1951, que Yossef Zaritzki a peint depuis la forteresse sa célèbre série d'aquarelles "Yehi'am". Elles rendent parfaitement compte de cette création *ex nihilo*.

*

L'hiver est la plus belle saison à Yehi'am. Les nuages et les éclairs pendaient au-dessus de nos têtes, la pluie s'écoulait le long des étroits trottoirs de pierre. Personne ne cueillait ne fût-ce qu'un des cyclamens, narcisses ou anémones qui couvraient le kibboutz d'une tapisserie aux multiples couleurs.

Le travail d'Israël Kaspi a été reconnu hors de Yehi'am, comme le montre un article du journal *Alhamishmar* de 1952 :

> Une expérimentation prometteuse d'une méthode de reboisement des montagnes dont les résultats sont susceptibles d'aboutir dans quelques années à des conclusions de grande portée a été menée par Israël Kaspi, un jeune forestier du kibboutz de Yehi'am en Galilée. Sa méthode fondée sur celle

que Lyssenko a mise en œuvre pour le reboisement des steppes d'Union soviétique, a pour principe de semer des plants de chênes et d'autres arbres en "nids" d'une densité double de celle pratiquée habituellement en Israël ; le renforcement d'une partie des plants au détriment des autres produira, par l'association de leurs forces, un plant sain et vigoureux. Cette méthode n'en est encore qu'à ses débuts, et, d'après Kaspi, de longues années d'expérimentation sont encore nécessaires avant d'arriver à des conclusions définitives. Cependant, il est déjà évident que cette méthode augmente le rythme de croissance des plantes, et permet d'accélérer la formation de bosquets naturels.

Trofim Denissovitch Lyssenko était un ingénieur agronome soviétique dont le nom et les théories ont donné lieu à de nombreuses légendes. Des années plus tard, il a été accusé d'avoir agi en dictateur féroce au service de Staline. Lyssenko affirmait qu'il était possible d'abolir le caractère héréditaire des plantes, de créer une "plante nouvelle", d'intervenir directement sur son patrimoine génétique et de lui faire acquérir de nouveaux caractères. Ses crimes tant à l'égard des scientifiques que de la science furent découverts dès le début des années 1960. En un premier temps, Lyssenko envoya dans les camps soviétiques, puis condamna à mort ceux qui s'étaient opposés à sa théorie. Par la suite, il fut avéré que, sur un plan scientifique, ses affirmations n'étaient que mensonges éhontés et manipulations grossières.

Mais Israël Kaspi avait réussi par son travail à transformer les mensonges scientifiques de Lyssenko en faits concrets dans le paysage de Yehi'am.

Israël Kaspi fut le premier jardinier paysagiste de Yehi'am, bien avant la venue de Yoash, qui avait quitté le kibboutz Palmachim pour des motifs idéologiques. Il faisait partie du groupe des Polonais qui, comme les Hongrois, avaient rejoint le kibboutz après la guerre. Nous ne l'avons pas connu, il est mort avant notre naissance. On disait que c'était un homme parfait, beau et intelligent. Il s'est suicidé en se tirant une balle en 1953 après la mort de son amie lors d'une excursion à Pétra. Il n'y avait pas de raison de planter un arbre ou un bois en son nom car toute la splendeur du paysage végétal de Yehi'am, ses jardins de rocaille, ses étroits et beaux trottoirs, les cyclamens, les pelouses épaisses, les arbres aux floraisons de mille couleurs, sont l'émanation de son âme et de sa vision au rythme des saisons.

8

Les membres fondateurs du kibboutz se répartissaient en deux groupes principaux, les Israéliens et les Hongrois.

Plus tard arrivèrent les “Français” et les “Sud-Américains”, ainsi que des individus et d'autres petits groupes de divers pays.

En plus de la langue et du pays d'origine, les groupes des anciens se différenciaient sur de nombreux points et nous ne savions pas comment ils s'accommodaient entre eux. Les adultes vivaient sur une planète différente de la nôtre.

C'est en 1946 que les fondateurs, le noyau “Nir” israélien et le “Premier Mai” hongrois, découvrirent la terre rocailleuse de Yehi'am. Les Israéliens maîtrisaient la langue, l'hébreu, langue des randonnées et des fêtes israéliennes. Tsimi (un Hongrois) écrivait à l'époque :

Nous débattons de notre Aliyah[22] *proche, des mots hébreux apparaissaient ici et là, mais notre langue reste le hongrois. Et nous connaissions aussi peu la langue d'Israël que les conditions matérielles du pays.*

Nous n'avons qu'une vague idée de tout. Ceux qui sont venus nous organiser nous mettent sans cesse en garde : les terres qui vous sont destinées sont particulièrement difficiles. Vous y trouverez surtout des pierres, mais pas d'eau. [...]. On nous demande de descendre pour achever le parcours... à pied. Instantanément, nous comprenons ce que sera Yehi'am. Tout s'effrite, en nous et dans le paysage. Des collines parsemées de rocs, un horizon poussiéreux et de maigres buissons. Vraiment rien. C'est dans cet endroit qu'il faudra nous enraciner. Les Israéliens, qui ont un rapport plus direct avec la réalité, considèrent leur venue ici, sur cette terre hostile, comme un acte d'héroïsme. Il est vrai que c'est sublime. Mais, pour le moment, je ne suis pas très enthousiaste.

Les camarades du groupe hongrois Ouvriers ne faisaient pas partie des fondateurs. Ils étaient arrivés à Yehi'am en 1948, après la guerre d'Indépendance, après une année de formation au kibboutz Sha'ar Ha'amakim, et après les noyaux Nir et Premier Mai qui avaient déjà assimilé les principes des kibboutzim et de l'HaChomer en ce qui concernait l'hébreu.

Les camarades de Premier Mai avaient enfermé le hongrois dans leur cœur. Ils ne lisaient que des livres en hébreu. Cette discipline était si bien intériorisée que même entre eux, ils ne parlaient qu'hébreu. Ainsi faisaient nos parents les uns avec les autres. La seule phrase de hongrois que nous entendions parfois lors de nos visites de l'après-midi dans notre maison biologique se composait de deux mots qui volaient au-dessus de nos têtes, *Hoy dyiod*, qui voulaient dire “Laisse tomber, quelle importance. Ne va pas te disputer avec l'enfant, il n'est là que pour une heure et cinquante minutes”.

Mais les camarades du groupe Ouvriers réagissaient différemment à l'oblitération du hongrois. Dans notre chambre, chez les Narcisse, Shulamit chuchotait tendrement à l'oreille de Ronen *csillagom, dragom* (mon étoile, mon chéri). Les autres parents parlaient un hébreu de natifs, ou un hébreu récemment appris, teinté d'accent hongrois, mais toujours une langue correcte et non écorchée. Quand Shulamit et Edna des Ouvriers étaient de garde la nuit, elles nous laissaient parfois des chips, ce qui était pour nous comme une berceuse hongroise (manger en dehors des heures de repas, et, de plus, des friandises, était rigoureusement interdit). Elles les posaient dans un bol, sur la desserte de notre salle à manger, et y joignaient parfois un petit mot *Pour les enfants de Narcisse, passez une bonne nuit. La garde de nuit*. Une fois, elles avaient même dessiné une lune au bas de la lettre. C'étaient les plus heureuses de nos nuits. Après avoir trouvé les chips, nos rêves devenaient légers comme un nuage blanc, une fête.

Parfois, les camarades des Ouvriers frappaient dans leurs mains et levaient les yeux au ciel en soupirant *Ishtenem Borzolom* (Dieu tout-puissant !). Or non seulement Dieu n'existait pas chez nous, à l'HaChomer Hatzaïr, mais il était interdit, considéré comme un obstacle irrationnel et païen au prodigieux pouvoir créateur de l'homme tout-puissant. Dieu était un vestige obscurantiste et moyenâgeux, l'incarnation de tout ce qui était méprisable, plus encore que le hongrois, les mots doux et les berceuses.

À Yehi'am où nous avons grandi, on parlait un hébreu correct, et les noms étaient bien prononcés. Nous ignorions que pendant les premières années du kibboutz, les anciens réprimandaient les Ouvriers sur le bulletin et le tableau d'affichage, à cause du hongrois qu'ils avaient sans cesse à la bouc

Un des problèmes de votre intégration au kibboutz est celui de la langue. On a évoqué dans le bulletin précédent l'influence du langage sur les enfants, et il a été rapporté qu'une mère parlait le hongrois à son fils. Vous devez faire preuve de bonne volonté et vous efforcer de ne parler que l'hébreu.

Je vous prie de parler l'hébreu, au moins dans les lieux publics ! Le mouvement kibboutzique s'est toujours enorgueilli de la rapidité avec laquelle les nouveaux immigrants apprennent à parler l'hébreu dans les kibboutzim. Mais dans la salle à manger et partout ailleurs résonne le hongrois ! La cuisine aussi doit se faire sur la purification du hongrois.

Nous ne sommes pas tous des "Hébreux". Une grande partie d'entre nous vient de l'étranger. Nous aussi, nous sommes passés par un kibboutz hébreu. Nous ne savions pas l'hébreu, mais nous aurions eu honte de parler une autre langue dans la salle à manger et si nous ne la connaissions pas, nous nous taisions ou chuchotions dans le pire des cas.

Si tu commences à parler hébreu dans les lieux publics, tu t'habitueras à la langue et continueras à la parler dans ta chambre !

La cuisine bourdonnait en hongrois comme il était écrit sur le tableau d'affichage, car c'était là que les femmes, assises sur des tabourets bas, épluchaient des pommes de terre sans espoir de rotation, ou bien cuisinaient dans d'énormes marmites, debout, sans jamais se poser.

Lorsque nous, les enfants de Narcisse, allions dans la cuisine pour nos travaux d'"aide au ménage", elles nous appelaient vite, pour que personne ne les surprenne en train de nous gâter, et nous faisaient goûter leur cuisine. Elles nous demandaient si c'était bon, mendiaient des compliments car chez nous, ça ne se faisait pas. De même qu'applaudir à la fin d'un spectacle ne se faisait pas, c'était une coutume bourgeoise.

Les travailleuses de la cuisine grondées pour leur hongrois préféraient s'en tenir à la nourriture. Arrivées affamées de là-bas, elles se fiaient plus au pain et à la soupe qu'aux hommes, socialistes ou non, parlant hébreu, français ou hongrois.

*

Nous croyions que tous les Hongrois du monde étaient des adultes. Tous ceux que nous connaissions l'étaient. Il y avait aussi une minorité de parents survivants de là-bas et encore plus adultes : les grands-parents. Ils s'appelaient grand-père Vilmos, grand-mère Gutman, etc. Tous les Hongrois étaient nos parents et une toute petite minorité, une poignée de survivants, étaient leurs parents à eux.

Nous n'avons vu qu'une seule fois une fillette hongroise de notre âge. C'était la nièce d'Edith, elle était venue un été nous rendre une visite impromptue. Elle portait une blouse blanche brodée, comme celles que nous recevions dans les colis venant de l'étranger et qui partaient directement au vestiaire commun pour devenir les vêtements de voyage de tous les enfants, et qui nous revenaient à notre tour, lorsque nous partions pour l'appartement du kibboutz de la rue Shenkin à Tel-Aviv, une fois l'an en été, avec notre famille biologique.

La blouse blanche brodée qu'elle portait n'était qu'à elle seule. Elle prenait ses repas avec nous, sur nos petites tables de Formica et allait à la piscine avec nous. Le hongrois qui sortait de sa bouche nous choquait comme une faute, un écart de la norme, une exception.

*

Il n'y avait pas que l'oxyton et le paroxyton qui différenciaient les Hongrois des Français et des Israéliens. Les Français étaient les plus bavards. Ils n'étaient pas arrivés comme les Hongrois, après une guerre atroce qui ne leur avait pas laissé d'autre alternative, mais avaient immigré en Israël dans les années 1960 à 1970, à partir de noyaux et d'organisations idéologiques ; ils avaient quitté de leur plein gré leurs appartements et leurs métiers à Paris pour venir dans un endroit où ils croyaient que tous œuvraient en vue du rêve et de son accomplissement, et ils s'étaient retrouvés au kibboutz. Ils voulaient fonder une société nouvelle et progressiste. Pour eux, le choc avec la réalité avait été rude, ils considéraient les Israéliens et surtout les Hongrois comme les assassins de leurs rêves.

Les Hongrois disaient des Français que leurs vêtements de travail n'étaient qu'un déguisement, et les Français disaient que rien n'était pire qu'écouter un Hongrois stupide qui se croit intelligent.

Parfois, avant de quitter le kibboutz, les Français publiaient des lettres ouvertes dans le bulletin. Par exemple, en 1977, ils écrivaient :

> Il nous avait fallu une bonne dose d'inconscience pour abandonner notre vie bien organisée aux étapes susceptibles de nous mener vers une brillante carrière, dans le style de gauche des étudiants juifs à Paris, comme partout en diaspora.

> Mais l'heure de la mise à l'épreuve de nos idées était arrivée.
>
> Nous avons immigré en Israël et au kibboutz les yeux fermés, comme dans un brouillard. La suite de l'histoire est plus ou moins connue de tous.
>
> Nous avions l'impression que les gens d'ici se demandaient : qu'est-ce que cette bande de copains est venue chercher ici ? Une année est passée, et quelques camarades (parmi douze) sont parvenus à la conclusion que le vrai réalisme montrait la direction de la diaspora.
>
> Deux ans plus tard, d'autres camarades sont partis, pour toutes sortes de raisons, le cœur plein d'amertume.
>
> Trois ans plus tard, les derniers tentent de trouver leur voie en Israël. Je me permets de rappeler ces faits à cause de l'authenticité de notre tentative.
>
> [...] À présent, on peut dire que, pour le noyau français du kibboutz Yehi'am, l'expérience s'achève sur un échec total.
>
> Notre noyau ne s'est pas intégré au kibboutz. Le mélange de nos personnalités de "Juifs français" avec vous autres, Juifs d'Europe de l'Est, fondateurs, jeunes Sabras[23], ne s'est pas fait, faute de communication et d'une incompréhension mutuelle.

C'est ainsi que tout un noyau français a quitté le kibboutz. D'autres Français sont restés.

*

Fumer à Yehi'am était comme une langue supplémentaire. Mis à part la croyance de chacun en un monde meilleur, un amour profond et partagé pour la cigarette faisait le lien entre Hongrois et Français.

Mais tout ce qui touchait à la manière de fumer révélait des divergences.

Chez les Hongrois, fumer n'était pas associé aux pauses, hésitations, aux repos ou aux propos mais au travail, et on eût dit que la cigarette tenait lieu de paroles et faisait partie de l'action.

La notion de tabagisme passif n'existait pas encore et aurait-elle existé qu'elle n'aurait pu s'appliquer aux Hongrois et à leurs enfants. Nous aimions la fumée de cigarette, nous ne la chassions jamais d'un revers de la main.

Dans notre maison biologique, il était permis de fumer dès le CP, à Pourim, le carnaval. Uniquement à Pourim, bien sûr, mais dès la sixième nos parents dans notre famille biologique nous avaient dit, à mes trois grands frères et à moi : "Nous savons que vous fumerez. La première cigarette se fume avec les copains, mais la deuxième, fumez-la à la maison, ne vous cachez pas." Ils le répétaient souvent, pressés et impatients, comme s'ils voulaient en finir avec ce moment inévitable où nous commencerions à fumer. En effet, nous avons fumé tous les quatre et personne chez mes parents n'a jamais ouvert la fenêtre.

Quand un ami, un proche mourait parmi les Hongrois, on annonçait parfois son décès par la formule suivante : "Zili a cessé de fumer." Et il n'y avait pas de malentendu. À cette époque, aucun Hongrois ne cessait de fumer, à moins de mourir.

Les Hongrois ne rejettent pas la tête en arrière en fumant et ne soufflent pas la fumée avec élégance. On dirait qu'ils aspirent la fumée et ne l'exhalent jamais. Le débat sur le fait d'aspirer la fumée dans ses poumons ou non peut avoir lieu en Amérique mais pas en Hongrie.

Chaque bouffée est profonde et pleine d'aspiration pour la bouffée suivante, c'est-à-dire la cigarette suivante, imminente, qui mènera tout droit au paquet suivant. Cette bouffée est si longue et profonde qu'un Hongrois fume sa cigarette deux fois ou deux tiers de fois plus vite qu'un Français, un Israélien, un Sud-Américain ou tout autre fumeur.

Mis à part le rythme intensif, fumer à la hongroise comporte d'autres caractéristiques : nulle part il n'est interdit de fumer, et le déplacement entre deux points ne signifie pas l'interruption de fumer. Bien au contraire. Ne pas fumer en marchant est une perte de temps. La notion "s'arrêter de fumer" n'avait pour eux aucun sens, parce qu'ils ne faisaient pas de pause au travail ou ailleurs, qu'ils fumaient sans cesse et enchaînaient les cigarettes, allumant l'une avec l'autre.

Dès les premières réunions du kibboutz en novembre 1946, les Israéliens avaient déjà proposé l'adoption d'un règlement interdisant de fumer dans certains endroits et pendant les réunions du kibboutz. Les Hongrois s'opposèrent vigoureusement à la limitation et à la circonscription de la cigarette. Lorsque les Israéliens leur demandèrent de ne fumer qu'à l'extérieur, mon père dit, selon le compte rendu de la réunion : "Personne n'est encore mort de fumer, mais des millions d'hommes sont morts de froid."

*

Un sac est resté scellé pendant cinquante-six ans dans les archives de Yehi'am. C'était celui de Yaacov Carmi qui avait été tué en janvier 1948 pendant la guerre d'Indépendance, lors de la première attaque importante lancée contre Yehi'am au cours de laquelle trois autres hommes avaient été tués. Il avait été enterré sous son nom, mais personne n'avait vraiment su qui il était, ni qui était sa famille. On l'avait à peine connu au kibboutz, car il avait été tué peu de temps après son arrivée.

En 2004, un homme arriva soudain de Tel-Aviv à la recherche d'informations à son sujet. Après avoir rassemblé leurs souvenirs, tout ce que les anciens purent dire à celui qui s'intéressait à cet homme mort cinquante-six ans auparavant était son âge, Yaacov était bien plus âgé qu'eux, et qu'il fumait les cigarettes à la chaîne, plus que les autres Hongrois qui fumaient à la chaîne. Son sac ne contenait qu'une lettre envoyée par sa sœur de Hongrie, dix jours avant sa mort. Elle ne portait pas d'adresse de l'expéditeur.

On transmit à l'homme de Tel-Aviv la lettre restée dans le sac, parvenue à un fumeur hongrois pratiquement inconnu à Yehi'am où il était arrivé peu de temps après la guerre en Hongrie et dix jours avant d'être tué par un obus de mortier, au poste sud de la forteresse, au cours d'un combat qui avait duré six heures d'affilée.

*

Durant le siège de la forteresse, les camarades communiquaient par télégraphie morse avec l'autre partie du kibboutz restée à Kyriat Haïm avec les enfants ; ces messages contenaient leurs demandes d'approvisionnement.

Une fois les messages décodés, des avions parachutaient sur Yehi'am les produits de première nécessité qui y étaient demandés. Ezer Weizman[24] fut un des pilotes qui participa à ces parachutages. On transmettait tous les jours à Kyriat Haïm le message suivant : “Envoyez des cigarettes. Urgent.” Parfois, à la fin du parachutage, la joie se changeait en déception et en irritation, comme ce jour où l'avion avait lâché sur Yehi'am une pluie de bonbons au lieu des cigarettes attendues. Ce soir-là, on constata qu'une erreur d'interprétation du code morse avait transformé le mot *sigariot,* cigarettes, en *soukariot*, bonbons.

Deux semaines avant l'attaque catastrophique du convoi montant à Yehi'am en mars 1948, les camarades assiégés avaient épuisé tout leur stock de cigarettes. Une fois la guerre finie, le commandant du lieu, Zvi Guershon écrit :

> Je ne fume pas. Mais j'avais amassé près de deux cents cigarettes. Grâce à ma provision, j'ai pu venir en aide aux camarades qui souffraient le plus du manque de tabac, et je leur donnais une demi-cigarette par jour. La majorité des jeunes de l'HaChomer Hatzaïr ne fumait pas, et nous étions surpris de voir à quel point les fumeurs étaient dépendants de la cigarette.
>
> La pénurie les rendait irritables. On cherchait quelque chose à fumer. Ils furetèrent et trouvèrent dans un seau des mégots jetés à l'époque de l'“abondance”. Une enquête révéla que ceux qui vivaient dans les baraques avaient l'habitude de jeter leurs mégots par la fenêtre, sur les murets de pierre qui les entouraient. Ce fut une riche découverte. Les camarades démolirent les murets pour récupérer les mégots et en extraire le peu de tabac qui y restait. Puis ils se roulèrent de nouvelles cigarettes, qu'ils fumèrent avec délice.

Lorsque l'avion surgissait, les fumeurs l'observaient avec anxiété. Un fumeur professionnel se souvient d'avoir couru vers le colis parachuté, de l'avoir ouvert et s'apercevant qu'il ne contenait que du pain, de lui avoir donné un grand coup de pied.

J'ai commencé à cette époque à me servir de mon trésor caché pour encourager les hommes à sortir en patrouille de reconnaissance. J'allouais des "primes" : une demi-cigarette avant la sortie et une demi-cigarette au retour. Les fumeurs étaient nombreux à se porter volontaires… Ils essayaient aussi de trouver des substituts de tabac, de fumer des feuilles sèches. Je demandais des cigarettes dans tous mes télégrammes, mais sans succès, et les hommes continuaient à souffrir. Nous nous demandions si le temps viendrait où un camarade taperait sur l'épaule d'un autre en lui disant simplement : Donne-moi une cigarette.

Zvi Guershon, le commandant de Yehi'am pendant la guerre, et le père de nombreuses inventions agricoles en temps de paix, a parfaitement décrit les fumeurs professionnels.

Car malgré leurs points communs, les fumeurs hongrois se classaient en catégories qui transcendaient les différences entre citadins et paysans, camarades de Premier Mai ou d'Ouvriers, selon la quantité de cigarettes fumées. Pipa, ma mère, Aghi, Esther N., Yehuda N. appartenaient à la même catégorie, celle des gros fumeurs hongrois qui fumaient trois paquets par jour. Ils n'étaient pas difficiles et, même s'ils avaient des préférences pour une marque, ils fumaient ce qui leur tombait sous la main. Ils avaient toujours une cigarette à la bouche, l'autre attendait derrière l'oreille, dans la main ou posée sur une chaise à côté d'eux. Ils se servaient d'allumettes, et non de briquets. Il y avait aussi des fumeurs hongrois plus stylés qui faisaient sortir leur fumée par les oreilles, comme Zamba, mais seulement dans le but sacré de faire rire.

Mais, plus forts que tous, hors concours, il y avait les Sandor, des fumeurs incomparables, grands maîtres dans l'art de fumer. La cendre de leur cigarette restait entière, suspendue au mégot, sans se briser. L'expression "secouer sa cendre" n'avait aucun sens pour eux.

C'est pourquoi, déjà de leur vivant, nous appelions "sandor" la cendre de cigarette. Et nous déclinions le mot. Moucher ou faire tomber la cendre se disait "sandorer". Nous disions aussi "Ta sandor va tomber, prends un cendrier". Lui était très grand, et portait un éternel passe-montagne, elle était très petite. Ils fumaient d'une façon si synchronisée qu'ils ressemblaient plus à une nuée qu'à un couple.

En plus de ses tâches habituelles, Myriam Sandor lavait et pliait le linge des soldats le shabbat. Et quand ses deux mains étaient occupées à l'ouvrage, son éternelle cigarette était toujours collée à sa bouche. Abraham Sandor fumait selon la même technique. Leur cigarette ne s'éteignait jamais, comme cela peut arriver à tout fumeur. Et ils tiraient dessus en continu. Nous les regardions comme des magiciens. Même en ne les quittant pas des yeux, nous ne parvenions jamais à surprendre l'instant où ils changeaient de cigarette.

La sandor de Sandor ne tomba qu'une seule fois, quand une balle perdue traversa leur chambre, entrant par une fenêtre et sortant par l'autre, et on raconte que sur sa trajectoire elle atteignit la sandor de Sandor sans faire d'autres dégâts. Il y eut une enquête, qui avait tiré et pourquoi. Mais chacun admit que c'était une balle perdue. Et l'incident fut clos.

*

Peut-être est-ce à cause de l'art de fumer, si caractéristique de Yehi'am, que la production de tabac fut la plus populaire du kibboutz.

Dans les premiers temps, en 1953, le tabac était cultivé dans le potager du kibboutz et non dans les champs éloignés. Cela se passait avant la création des secteurs riches et rentables que furent les vergers et la bananeraie.

Zvi Guershon sur son "chameau", machine agricole de son invention pour ramasser les feuilles de tabac.

Les débuts furent difficiles, le tabac n'avait pas été planté correctement, et des erreurs avaient été commises dans les entrepôts de séchage. Diory, du noyau Ouvriers et responsable du secteur, avait décidé de faire sécher les feuilles de la première récolte à l'air libre, puis d'abandonner le tabac. Mais des visiteurs du Département de l'industrie du ministère de l'Agriculture lui dirent que les plants de tabac de Yehi'am étaient d'une beauté incomparable et le persuadèrent de continuer. Après de multiples tentatives, Yehi'am devint le seul kibboutz ayant réussi à acclimater le tabac de Virginie en Israël. Pour différentes raisons tenant à la nature du sol et à sa salinité, les tentatives des autres kibboutzim avaient toutes échoué.

Notre monde du tabac était enveloppé de charme et de mystère. À son firmament brillaient les pépinières, puis il y avait le "chameau", cette machine de deux mètres et demi de haut inventée par Zvi Guershon pour pulvériser le tabac et le récolter, puis les diverses cérémonies de liage des feuilles sur de longues perches qu'on accrochait dans les entrepôts de séchage. Lorsqu'on les ouvrait, l'odeur de tabac se répandait dans tout le kibboutz comme un parfum hongrois.

Avec les années, le tabac de Virginie cultivé à Yehi'am acquit une certaine renommée et Zerah Gehl, le roi du tabac israélien, de l'usine privée Dubek, venait parfois au kibboutz, reniflait les plants, caressait les feuilles et en admirait la qualité.

Parents et enfants travaillèrent au ramassage des feuilles, tout comme les enfants d'institutions placés chez nous, les volontaires, et les noyaux de jeunes pionniers. Tout le monde adorait cela. Aux périodes de forte grêle, lorsque les travailleurs ne pouvaient pas descendre aux champs, ils venaient dans les entrepôts pour aider à trier et emballer les feuilles.

*

En 1971, l'activité du tabac a été supprimée et nous autres les Narcisse, qui avons grandi à l'ombre de la cigarette, sommes nés trop tard pour y travailler. Et lorsque, montant et descendant les trottoirs de pierre tortueux, nous croisions les anciens, nous disions bonjour à tout le monde. C'est ainsi que nous avons été éduqués, avec ce reste de tradition bourgeoise européenne qui avait survécu aux règlements de l'enfant nouveau.

Lorsque nous croisions Diory, le père de Haggit qui était dans notre groupe, nous savions qu'il ne s'était pas remis de la décision d'arrêter la production de tabac qui n'était plus rentable, malgré les prix et les médailles qu'il remportait chaque année. Depuis, son sourire était toujours voilé d'une brume de tristesse qui l'accompagnait comme une colonne de fumée. Et quand nous le croisions sur les trottoirs, nous voyions l'image des entrepôts à tabac.

Nous lui disions bonjour ou bonsoir en baissant la tête, compatissant à son chagrin silencieux, mais nous n'étions que des enfants, nous n'avions pas le droit de vote à la réunion du kibboutz et nous ne pouvions pas inverser la décision sur la cigarette.

Nous descendions ensuite en courant vers l'esplanade pour jouer au ballon ou au prisonnier, ou nous montions vers la citerne d'eau pour naviguer sur nos radeaux de fortune.

9

Nous étions quatre, mes trois frères et moi. La première famille de quatre enfants à Yehi'am.

À cinq heures et demie, nous allions rendre visite à nos parents et à sept heures vingt nous retournions dans nos maisons d'enfants respectives (Ofer à Bosquet, Yohaï à Grenade, Yaïr à Pin et moi à Narcisse).

Aucun de nous ne s'est jamais enfui la nuit pour aller à la maison de ses parents, comme tant d'autres enfants.

Peut-être de peur qu'ils nous ramènent, ou de peur qu'ils ne nous ramènent pas. Ceux qui fuyaient étaient raccompagnés à chaque fois à la maison des enfants par leurs parents, humiliés et le cœur plein d'amertume. Ils arrivaient chez eux après avoir traversé tout le kibboutz, seuls, dans l'obscurité, au milieu de la nuit, dans le froid et sous la pluie. Et on les raccompagnait aussitôt.

Nous n'essayions même pas. Dans nos rêves récurrents, les nazis parcouraient les étroits et beaux trottoirs de pierre, escaladaient la citerne, contournaient la chambre d'Abrashka et de Rachel au bout de la rangée, et pénétraient dans la chambre de nos parents biologiques. Et là, nous nous réveillions.

Durant toute notre enfance, nous n'avons dormi chez nos parents que deux ou trois fois. En sixième, quand des enfants d'autres kibboutzim de l'HaChomer Hatzaïr sont venus dormir dans nos lits dans le cadre d'un programme d'échange ; ils avaient exactement notre âge et portaient des noms comme les nôtres. Cela s'appelait "des activités d'accueil", un programme qui remplaçait la cérémonie citadine-religieuse-bourgeoise de la bar-mitsva, la communion, que l'on ne célébrait pas chez nous. C'était quasiment un voyage initiatique. Pendant ces trois jours, nous montions, excités, dans les autobus d'Egged[25], nous payions notre ticket et au terme d'un voyage de quelques heures, notre groupe composé de quatre enfants non accompagnés par un adulte arrivait dans un autre pays. Le paysage était différent mais au bout de la route, nous arrivions dans un endroit très semblable au nôtre. Notre groupe était allé à Rechafim. D'autres, à Mishmar HaEmek et à Beit Alfa. Pendant trois jours, nous vivions chez eux leur vie identique à la nôtre. Nous étudiions avec eux, travaillions avec eux aux tâches de leurs enfants comme chez nous, et nous rentrions avec l'autobus d'Egged.

Quelques semaines plus tard, lorsque quatre enfants du kibboutz Rechafim venaient chez nous pour trois nuits, nous libérions nos lits identiques aux leurs et nos épais couvre-lits jaunes, et nous allions dormir chez nos parents d'un sommeil bizarre et agité. Leur présence toute proche nous paraissait folle et malsaine, comme si la mort chantée dans les berceuses nous enveloppait. Nous attendions le lever du jour.

La plupart des enfants de Narcisse avaient pour parents des Hongrois très âgés. Parmi nous, il n'y avait pas d'enfants extérieurs au kibboutz. Depuis le jour où on nous avait sortis de la maternité, nous avions toujours dormi face à des murs d'un jaune huileux. L'esthétique de la maison des enfants, si on peut utiliser ce mot pour des endroits aussi laids, était fondée sur une absence de couleurs et de stimulation. Cela aussi faisait partie de la méthode. Dans chaque chambre, il y avait quatre enfants, deux garçons et deux filles. Chacun dans un des quatre coins de la pièce, avec une table de nuit près de chaque lit. La laideur ne nous dérangeait pas. Nous la surmontions avec l'éclat de l'imagination.

*

À neuf heures et demie, l'éducatrice achevait de lire un nouveau chapitre du livre d'Eliezer Smoli, *Les Hommes de la Genèse*, sur les hauts faits des pionniers patrouillant sur de nobles montures, ou bien "Les aventures du magicien et de ses amis" qui survolaient le monde en ballon, puis elle nous souhaitait bonne nuit. "Bonne nuit", lui répondions-nous, nous attendions qu'elle ferme la porte et nous nous levions. Nous ne pouvions pas dormir.

Pendant les fortes chaleurs, nous trempions nos draps dans l'eau froide et nous courions dans le couloir en criant "Nous sommes grecs", enveloppés dans les toges dégoulinantes qui nous rafraîchissaient. Quand nous étions piqués par des moustiques, nous allions dans le bureau de l'éducatrice pour nous enduire de remèdes dont nous pensions qu'ils apaiseraient nos piqûres. L'un de nous faisait le guet et surveillait le trottoir d'en face conduisant aux Narcisse pour nous avertir de la venue de la surveillante de nuit. Quand elle arrivait, nous bondissions dans nos lits, nous tournions contre le mur et faisions semblant de dormir en essayant de ne pas rire des ronflements exagérés de Moshik. Elle passait rapidement, ne restait que trente secondes, puis se hâtait vers Térébinthe, ou Anémone. Salut, et bon vent. Nous nous relevions. Parfois, notre vigilance se relâchait, la garde nous surprenait et nous grondait. Mais nous ne perdions pas la face, les gardes changeaient chaque semaine et nous étions toujours là. Elles ne savaient rien du sommeil des enfants ni de leurs insomnies. Nous ne savions rien de leurs nuits.

*

Mes trois grands frères et moi allions chez nos parents comme des invités. Ils ne connaissaient pas nos tailles de chaussures et lorsqu'une fois, pour l'anniversaire de mes dix ans, j'avais demandé des sabots en bois avec une lanière bleue, ils m'en avaient acheté une paire trop grande de trois pointures. Après les avoir échangés et enfin reçus, j'avais couru à sept heures vingt à la maison des enfants. On les entendait de loin résonner gaiement sur les trottoirs de pierre. Ils me furent ôtés sur le seuil de Narcisse. Ils étaient trop personnels et la lanière, trop bleue. "Nous avons les sandales que Pirosh fabrique pour tous les enfants à la cordonnerie (orange carotte pour les filles, marron pour les garçons)" avait dit l'éducatrice.

Nous ne partagions pas avec nos parents les histoires comme celles des sabots, peut-être pour ne pas leur faire de peine. Enfants et adultes, nous vivions dans des univers parallèles. Chaque univers avait ses problèmes. Chaque univers avait ses soucis. On n'accablait pas les enfants avec les pleurs et les cauchemars de la Shoah des adultes, ni le contraire. Nous ne rapportions rien. Nous disions : nous ne dénoncerons jamais. Nos parents ne savaient rien de notre vie, et nous ne savions rien de la leur. Peut-être seraient-ils grondés par l'éducatrice, peut-être pas, on ne sait jamais. Nous voulions veiller à l'égalité entre nous et nous ne comprenions pas comment cela avait pu arriver, comment nous avions oublié et osé demander des sabots avec une lanière bleue.

(Dans le bulletin, sous le titre "Problèmes de partage et d'égalité entre les enfants", on rappelait que "le kibboutz pourvoit aux besoins de tous en vêtements et chaussures sans exception, y compris chaussons pour la chambre ou maillots de corps blancs ; par conséquent, il ne faut pas posséder d'objets personnels tels que vêtements, sandales, écharpes, etc.".)

*

Apparemment, nos parents n'avaient pas prêté attention à la série de cervidés dans notre famille biologique : mon père s'appelait Zvi (Cerf) mon frère aîné Ofer (Chevreuil), et moi Yaël (Chamois), sinon ils ne l'auraient par interrompue en y intercalant les noms de mes autres frères, Yohaï et Yaïr.

Mais il y avait des familles à Yehi'am dont les noms correspondaient à une série thématique, comme Hadas (Myrte), Vered (Rose) et Nitzan (Bourgeon), ou bien Netzer (Surgeon), Rotem (Genêt), Erez (Cèdre) et Oren (Pin). La nature, évidemment.

Mais on ne voyait ni plantes ni bêtes dans notre maison biologique fondée par deux citadins : ma mère venait de Budapest, et mon père de Csorna en Hongrie, et de Vienne en Autriche.

Pendant des années, ils s'étaient contentés d'un tuyau et de quelques roses en guise de jardin et de jardinage, qui masquerait la honte de son inexistence (le jardin participait à l'ornement de tout le kibboutz, pas seulement du lopin entourant la maison du membre, et son absence dépareillait tout le kibboutz). Nos parents nous demandaient parfois de les aider à désherber et à arroser. Abrashka, de la maison d'à côté, les aidait à faire des choix décisifs, c'est-à-dire à distinguer entre les plantes ornementales et les mauvaises herbes. Il leur prêtait aussi ses outils.

Périodiquement, on agrandissait la surface dallée en béton. Leurs maisons s'appelaient "maisons Ein Dor", du nom du modèle architectural conçu au kibboutz Rechafim et perfectionné au kibboutz Ein Dor. À Ein Dor, le quartier des fondateurs s'appelle Tel Amal (du nom des maisons de Tel Amal, appelé par la suite kibboutz Nir David). Chaque kibboutz introduisait des améliorations et des perfectionnements et, contrairement aux étoiles et aux plantes qui reçoivent parfois le nom de leurs découvreurs, les bâtiments portaient celui du kibboutz d'où provenait le dernier modèle de construction. L'architecture kibboutzique n'était pas centrée sur les architectes ou leurs réalisations, mais sur l'homme et ses besoins.

*

Dans notre maison biologique, on ne parlait jamais de la nature. Pendant les promenades ou les excursions du kibboutz, alors qu'Eliezer A., un expert en champignons, nous faisait profiter de sa science, nous parlions d'autre chose et ne remarquions pas que tout le monde était arrêté devant un spécimen rare.

Nous ne devions cueillir des fleurs de jardin qu'une fois l'an. Six fleurs pour le jour de la Shoah.

Nous sortions de la maison de nos parents au hurlement de la sirène, et nous entendions dans le haut-parleur dissimulé sur le toit de la salle à manger, Yoash lire le texte sur les six millions, texte qui résonnait dans tout le kibboutz, comme s'il venait des profondeurs des cieux ou des enfers.

Debout sur le seuil de la maison de nos parents, nous attendions au garde-à-vous, Anat, Hagar, Amos et moi. À la fin de la cérémonie, le plus jeune enfant de chaque famille devait cueillir six fleurs, une fleur pour chaque million de Juifs exterminés pendant la Shoah. Nous ne savions pas à quoi pensaient nos parents à cet instant-là, pensaient-ils à leurs familles restées là-bas ou non, à leur maison de là-bas ou non, au Danube dont notre mère disait qu'il gelait en hiver, ou à notre rivière asséchée, Ga'aton.

Nous attendions le signal de notre chorégraphie, la cueillette des six fleurs, et nous nous précipitions vers le jardin d'Abrashka où poussaient à profusion gerberas, tulipes et roses rouges et blanches. Dans les autres jardins, il n'y avait pas toujours six fleurs. Elie Harari qui, lui aussi, entretenait un jardin de l'autre côté de notre maison, avait plutôt des arbres : néfliers, grenadiers et peu de fleurs.

Après que nous avions rapporté les six gerberas, roses, ou tulipes, suivant la tradition établie par le comité supérieur des fêtes et cérémonies dans les kibboutzim de l'HaChomer et adaptée par le comité local pour la culture ou les fêtes, nos parents étaient censés nous parler de la Shoah.

Dans une espèce d'équilibrage de nos terreurs, nous nous dispensions mutuellement de la corvée en quelques minutes, l'histoire serait racontée à une autre occasion, "On n'est pas obligés de le faire le jour de la Shoah" disait notre mère tous les ans. Avant de nous envoler par la porte ou la fenêtre (nous écartions la moustiquaire et sautions dehors), nous essayions de rappeler à nos parents de mettre dans l'eau les six fleurs cueillies. Ils ne le faisaient pas toujours. De même qu'ils n'exposaient ou ne conservaient pas toujours les objets que nous rapportions de la maison des enfants. En fait, jamais.

Quand nous rapportions une statuette sculptée dans un noyau d'avocat, mes parents la jetaient à la poubelle sans l'ombre d'une hésitation ou d'un scrupule. "De toute façon elle va noircir", nous disaient-ils ou se disaient-ils à voix haute, et ils refermaient la poubelle. Parfois, nous tentions de plaider avant la sentence en insistant sur l'utilité de l'objet, porte-clefs ou marque-page, et non simple statuette ou bibelot. Les parents considéraient d'un œil suspicieux, voire franchement hostile, les œuvres que nous leur rapportions à cinq heures et demie de la maison des enfants : chandeliers en cupules de glands de chêne, marque-pages en feuilles rouges séchées, cruches bancales en argile. Nous savions que chez nous, personne n'avait la fibre artistique et que ce que nous rapportions n'avait aucune valeur. L'idée de conserver des souvenirs n'existait pas, nous n'en avions nulle notion. Rarement, quand il s'agissait de mots ou de poèmes, mais jamais de dessins, nos œuvres étaient stockées dans le faux plafond, le *boydem*. Les parents ne pouvaient plus y accéder, et nous y régnions, juges et parties, selon des critères fluctuants établis par un des frères, lorsque l'un d'entre nous était envoyé là-haut pour y chercher quelque chose.

Nous seuls savions ce qui s'y trouvait et dans quel ordre, et nous lancions à la demande couvertures, coussins, lits pliants, poèmes d'Ofer, le porte-lettres oublié, puis à une autre saison, nous emballions dans du plastique les couvertures d'hiver et les chauffages que nous remontions. "Tout est bien rangé, là-haut ?", "On peut passer ?" nous criaient d'en bas nos parents qui n'avaient plus la moindre idée de ce qu'il y avait là-haut. Nous non plus ne pouvions plus accéder au tas d'objets empilés. "Tout est parfait, répondions-nous, tout est propre et bien rangé, on voit tout du premier coup d'œil. Ne vous en faites pas." Nous jetions sur le sol la couverture en piqué demandée et redescendions par le store en bois qui nous servait d'échelle.

*

Dans notre maison biologique, le temps était mesuré par l'horloge en verre de Guila, la cousine de notre mère qui, à Budapest, vivait dans l'appartement d'en face. Nous aimions Guila et son mari Pichte, et tous les objets en verre qu'ils fabriquaient pour nous : plaques de porte, tables basses, vases, horloges, etc. Ils avaient étudié en Italie après la guerre, et les objets de verre soufflé de Pichte nous faisaient penser à la pantoufle de vair et au bal. Lorsque les aiguilles de l'horloge de verre marquaient sept heures vingt, nous retournions à la maison des enfants. Quand les parents étaient occupés, en réunion ou au travail, mes frères leur disaient : "C'est bon, nous allons raccompagner Youlie à Narcisse." C'est mon frère Yohaï qui avait inventé ce surnom alors que j'étais encore en maternelle, et depuis, tout le monde m'appelait ainsi à Yehi'am. J'aimais ce nom, et j'aimais mes frères plus que tout au monde (Ofer a onze ans de plus que moi, Yohaï six et Yaïr cinq).

Nous nous sentions comme des invités chez nos parents, nous ne nous coupions jamais la parole en disant : "Ah bon, tu lui as *vraiment* dit ça" ou "tu as *pensé* le lui dire ?" Il y avait une *obligation* d'introduire de manière factuelle dans l'histoire ce que nous avions voulu dire et n'avions pas dit. Et chaque fois que nous répétions une certaine histoire, elle enflait avec de nouveaux détails. Sinon, ce n'était pas la peine de la raconter au risque d'ennuyer les auditeurs, ou nous-mêmes. Mon frère Yohaï obéissait à ces principes et excellait dans l'exagération.

À force d'exagérer, je croyais que la grande poétesse israélienne, Leah Goldberg, avait écrit son poème sur Chan So Lin *pour nous*, parce qu'il y était question de trois grands frères et d'une petite fille qui voulait des sandales d'or et des sandales de velours :

En Chine vivait Chan So Lin
Dans une belle maison
Avec trois grands garçons
Et une petite fille câline.

Elle était jolie, la fille de Chan So Lin
Menus étaient ses pieds
Chaussés de souliers
D'une soie très fine.

Elle faisait de petits pas
Minuscules et délicats
Elle dansait parmi les roses
Et les fleurs à peine écloses.

Chan So Lin son père
L'appelait Fleur Radieuse
Et pour ses frères
Elle était Fille du Printemps.

Un jour, Chan So Lin partit
"Après Shabbat je serai là, il dit
Vous êtes des garçons de cœur
Veillez bien sur votre sœur!"

Fleur Radieuse dit à Chan So Lin
"Pour ton retour, en bonne santé
Je veux broder, avec de la soie fine
Une ceinture d'or et une bourse dorée."

Elle broda pendant trois jours
Avec des fils d'or, des ailes de cygne
Et les pampres de la vigne
Sur une ceinture de velours.

Dit alors le frère aîné
"Je pars maintenant t'apporter
Un manteau bleu azuré
Et des sandales dorées."

Dit alors le frère puîné
"Attends, ma sœur jolie,
Moi, je vais te rapporter
Des sandales de velours garnies."

Dit alors le plus jeune frère
"Je ne quitte pas la maison.
Au fond du jardin, près des fleurs
Je veillerai sur notre sœur."

La nuit il vint un noir dragon
Frapper à la porte de la maison
"Je suis le fils du roi des démons
Descendu du haut des monts.

Je sais que tu as une sœur
Toute belle et gracieuse
Ma mère a servantes et serviteurs
Et pas une seule danseuse !

Donne-moi donc la fillette
Donne-moi cette beauté
Ou je te couperai la tête
Avec ma grande épée."

"Jamais, répondit le frère
Tu n'auras ma sœur, bandit !
Tu ne me vaincras pas, j'ai dit !
Je te déclare la guerre.

Tout le petit monde du jardinet
À ma droite luttera
Une armée d'airain sortira
De ses recoins et bosquets."

Alors du jardin de Chan So Lin
Sortit une troupe clandestine
De douze fourmis, commandée
Par le grillon, général d'armée.

Le grillon cria très fort
"Luttons jusqu'à la mort !
L'ennemi sera vaincu, il périra
Frappez le dragon, soldats !"

Ils sortirent, combattirent aux portes
Du jardin. Battu de belle sorte
Le dragon s'enfuit, s'échappa
Vers où, on ne le sait pas.

Au matin revinrent les frères
Ils apportaient de beaux cadeaux
Le plus jeune des trois frères
Ils célébrèrent par le chant des héros :

"Nul ne t'égale en Chine, vaillant
Oh, notre frère bien-aimé !
Du noir dragon tu as sauvé
Notre sœur Fille du Printemps.

En grande liesse revint aussi
Chan So Lin avec de beaux présents
Qu'il donna aux combattants
À toute l'armée des fourmis.

À sa fille un manteau bleu azuré
Et des souliers d'or mignons
Et au grillon, au grillon
Un bouclier de fer et d'acier.

En Chine vivait Chan So Lin
Dans un jardin et une maison
Avec trois grands garçons
Et une petite fille câline.

Sur le chemin de retour vers Narcisse, mes frères me plantaient dans des trous creusés pour y mettre des néfliers ou des grenadiers. Nous jouions à Joseph et ses frères quand ceux-ci l'avaient jeté dans une fosse. À l'âge de trois ans, ils m'avaient appris les tables de multiplication et initiée à jongler avec les vases précieux et uniques fabriqués par Guila et Pichte. Dès que les parents sortaient de la pièce, ne fût-ce que pour quelques minutes, nous jonglions sur le carrelage avec cette fragile verrerie, quatre flacons s'envolaient aussitôt en l'air en même temps. Nous nous entraînions sur le tapis, mais le jeu lui-même (appelé "Les flacons") se déroulait sur le carrelage et l'ordre dans lequel nous lancions et rattrapions les objets n'était pas fixe, mais changeait chaque jour au gré de notre fantaisie.

Pendant nos vacances annuelles avec notre famille biologique dans l'appartement du kibboutz de la rue Shenkin à Tel-Aviv, mes frères me gardaient une soirée pour permettre aux parents d'aller au théâtre ou au concert. "Pas de problème, nous nous occuperons de Youlie", leur disait Ofer. Auparavant, mes frères passaient en revue avec eux tous les films pour enfants et en choisissaient un. Mais, après leur départ, changement de programme. Nous ne sommes jamais allés voir de film pour enfants, les frères choisissaient les films les plus effrayants et m'entraînaient à ne pas avoir peur, ou bien nous allions voir *Aliza Mizrahi*, un film policier dont l'héroïne était une grand-mère. Nous aimions rester entre nous, frères et sœur. Nous ne savions que faire avec les adultes.

*

Lorsque nous attrapions une maladie infantile contagieuse, tout notre emploi du temps s'en trouvait bouleversé. Plus de leçons à apprendre, plus de chambre à nettoyer, plus de pâtée à préparer avec de l'eau froide et du pain pour les canards et les oies de la ferme des enfants. Nous n'allions plus en bande à cinq heures et demie chez nos parents, et nous ne voyions plus nos frères. En fait, nous oubliions jusqu'à leur existence. Le monde extérieur était englouti. Tout n'était plus que Narcisse, du matin au soir.

Nous ne sortions plus. Les parents venaient nous voir. Nous étions malades tous ensemble, les enfants de Narcisse : quand nous avions les oreillons, seize enfants se réveillaient enflés comme des cochons ; avec la rubéole ou la rougeole, nous étions tous criblés de boutons rouges, et avec la terrible varicelle, on nous plongeait tous dans une bassine pleine d'une solution alcaline mauve.

Pour ces maladies, on évitait de déranger le Dr Tzuriel, le médecin du kibboutz qui travaillait avec notre mère, l'infirmière du kibboutz. On ne faisait appel à lui que dans les cas où la maladie s'aggravait. Nous ne souhaitions pas vraiment sa présence. Notre mère le trouvait très intelligent et comique, mais nous, il nous faisait peur. Un Irlandais furieux qui nous ordonnait toujours de nous déshabiller, et nous avions froid, tellement froid.

Les parents venaient nous voir à cinq heures et demie et les murs d'un jaune graisseux s'illuminaient en cloisons d'or. Ils étaient différents. Peut-être parce que c'était chez nous et qu'ils étaient les invités, ou parce qu'ils étaient inquiets à cause de notre fièvre qui ne baissait pas. C'étaient les seules fois où maman m'avait lu à voix haute des livres en hébreu, langue qu'elle avait toujours honte de lire.

Quand nous avons eu la varicelle, mon père m'a raconté que lorsqu'ils l'avaient eue à Vienne, on avait brûlé tous leurs livres, parce qu'on croyait qu'ils transmettaient la maladie. On avait brûlé son *Max et Moritz*. Les histoires de mon père étaient toujours pleines de vie, comme de petites saynètes en trois dimensions et souvent, une fois finies, elles restaient en suspens dans notre chambre, effrayantes, imperméables à leur fin heureuse. Papa aimait se faire rire avec ses histoires. Il entrait dans nos lits, se cachait sous la couverture et l'épais couvre-lit jaune et surgissait au moment où nous nous asseyions dessus. Nous sursautions, effrayés. Le soir, après avoir raconté des histoires à tous les enfants de la chambre, il nous souhaitait bonne nuit et sortait, puis l'éducatrice nous souhaitait bonne nuit, sortait et s'en allait, mais lui restait dehors, sous la fenêtre de notre chambre dans l'obscurité, imitant les bêtes féroces dont il venait de nous parler, ou bien il rugissait en imitant le hurlement du vent qui, dans cette même histoire, avait entraîné une ville entière et ses habitants dans l'abîme. Nous avions peur. Nous ne pouvions pas dormir. Nos nuits étaient déjà si pleines de terreurs et de tourments à exorciser avant de trouver le sommeil : nous avions peur que des terroristes pénètrent chez nous, que les nazis entrent chez nos parents, nous avions peur des chacals, des enfants du groupe Chêne qui pourraient nous barbouiller de dentifrice ou de cirage, de Nahman Ferkesh, le célèbre bandit qui errait dans les montagnes.

*

À Pourim, la fête était organisée autour d'un thème qui inspirait tous les déguisements et les spectacles. Quand j'étais en CE2, le thème était “Les peuples du monde". Cinq d'entre nous étaient déguisés en Suisses. Pour être en harmonie avec nos costumes, nos parents vinrent au spectacle donné par Narcisse habillés en alpinistes suisses. S'aidant de cordes, ils escaladèrent nos tables de Formica empilées en glaciers. Dans notre imagination, les murs jaunâtres figuraient les sommets enneigés. Ils lancèrent quelques "Yodel hey, yodel hey" et mon père disparut soudain dans une avalanche. Les alpinistes l'appelèrent à maintes reprises mais ne le trouvant pas, ils le déclarèrent disparu. Tremblante, effrayée par sa disparition, j'éclatai en sanglots, mais il ne reparut pas, ne se montra pas, ne fût-ce qu'un court instant. Il ne revint qu'à la fin de la soirée, des touffes de coton dans les cheveux en guise de flocons de neige, en expliquant qu'il n'avait pu s'en sortir que par miracle, malgré des conditions météorologiques exécrables. Deux heures après que les Indiens avaient écorché des tigres, que les Hollandais avaient contenu d'énormes masses d'eau à mains nues, mon père revint des grands froids.

*

La rougeole se déclara un lundi, le plus beau jour de la semaine, le jour des magazines. Chaque lundi paraissait le supplément *Alhamishmar* des enfants. Assis chez les Narcisse pendant la maladie, mon père et moi nous nous étions plongés dans l'hebdomadaire.

Comme j'avais une très forte fièvre, je lui avais confié que je voulais écrire à Dvora Omer, l'auteur de livres pour enfants, mais que je craignais de demander son adresse en passant par la rubrique "Questions et réponses" parce qu'on y publiait les questions, et que cela m'intimidait. Nous écrivîmes alors au secrétariat du journal, les priant de m'envoyer son adresse, mais en privé, poste restante, en haute Galilée, et de ne pas publier ma question. Si c'était possible. Si ce ne l'était pas, je les remerciais de ne pas répondre du tout. Aussi incroyable que cela puisse paraître, on m'envoya son adresse.

Je lui écrivis une longue lettre dans laquelle je lui disais que je voulais devenir écrivain. Elle me répondit par une lettre manuscrite, ce que souligna mon père lorsque je me plaignis de son contenu. Il remarqua également qu'elle avait répondu relativement vite (je crois qu'elle avait mis un mois, ce qui m'avait semblé une éternité), si l'on considère qu'elle recevait de très nombreuses lettres d'enfant. Et j'imaginais ma lettre noyée sous la pile de lettres envoyées par les enfants de tous les kibboutzim.

Mon père dit qu'elle avait répondu longuement et point par point à ma lettre. Tout cela était vrai, mais j'étais déçue. Dvora Omer avait répondu à ma lettre poliment et en détail, abordant aussi la question du kibboutz. Elle aussi, je le savais, venait d'un kibboutz. Mais à la confidence que je lui avais faite que je voulais devenir écrivain, sa réponse m'avait transpercée comme une flèche. Elle avait écrit qu'il était impossible de savoir ce que la vie nous réservait, elle avait voulu être puéricultrice, *metapelet*, et voilà qu'elle était devenue écrivain, preuve qu'on ne pouvait pas savoir (avait-elle répété). Cette lettre me blessa profondément. Comment ça, on ne peut pas savoir ? Qu'est-ce que cela veut dire "ce que la vie nous réserve" ? Je fus bouleversée à l'idée de devenir puéricultrice. Mon père expliqua que ce n'était pas ce qu'elle avait dit, et il avait raison, mais cela ne me consola pas. La logique peut parfois aider à comprendre, mais elle ne réconforte jamais.

Ma mère, l'infirmière du kibboutz, dit à tous les enfants de Narcisse : "Si, demain, votre fièvre n'est pas tombée, le Dr Tzuriel viendra vous examiner." Pendant la nuit, notre température descendit au-dessous de 38 °C. Nous étions tous guéris, nous ne voulions pas du Dr Tzuriel. Nous préférions qu'il reste au dispensaire ou à la clinique.

~

10

Sur notre planète de justice, il n'y avait pas d'argent et on ne parlait pas d'argent. L'argent n'était pas un moyen d'échange, et il n'y avait pas de salaire.

C'est ce que chantaient chez nous à Yehi'am les jolies filles de Chêne, éclaboussées de lumière ultraviolette pour les vingt-cinq ans du kibboutz, une nouveauté du département de la Culture du kibboutz national dans les années 1960.

Non, nous ne connaissons ni taxes ni intérêt
Mais nous savons des fleurs le secret
Nous saurons leur valeur et ne l'oublierons
Car nous sommes nés pour le soleil
Nous sommes nés pour la lumière.

Et nous, les enfants de Narcisse, assis en rangs sur l'esplanade de la forteresse, nous les regardions, fascinés. La nuit, chez les Narcisse, après le départ de l'éducatrice, nous nous levions pour répéter. Nous reprenions le même chant en allumant et en éteignant la lumière du couloir et des chambres, pour essayer de reproduire sur nos draps entortillés ne serait-ce qu'un soupçon du halo céleste qui nimbait les filles de Chêne. Elles n'avaient que trois ans de plus que nous, mais la distance entre nous était incommensurable. Puis, couchés dans nos lits, nous continuions à rêver au sens magique de la chanson, aux bras levés en cadence, aux rondes, à la lumière violette qui illuminait le tout.

*

Au matin, le rêve était brutalement interrompu par la toujours brusque ouverture des volets et le "Bonjour" aigu, baigné de lumière dorée des éducatrices. Certaines disaient "Bonjour les enfants, c'est l'heure de se lever", d'autres nous donnaient les dernières nouvelles : "Bonjour les enfants, cette nuit trois de nos soldats ont été tués sur le canal de Suez. Debout, c'est l'heure de se lever."

Nous nous levions comme un seul homme, seize enfants, huit garçons et huit filles, nous nous brossions les dents comme un seul homme, l'un en face de l'autre en une rangée muette et exercée, lavabos, toilettes, un arrêt devant le miroir où l'éducatrice tressait nos nattes, puis nous attendions l'arrivée de Rivka qui nous faisait la classe.

Rivka a été notre institutrice du CE1 jusqu'à la fin de la sixième. À partir de la cinquième, on nous a expédiés au collège, loin du beau paysage de Yehi'am, mais surtout loin de Rivka et de notre enseignement lumineux – l'enseignement par thèmes.

Rivka nous aimait tous et ne favorisait personne. Elle ne perdait jamais patience et n'élevait jamais la voix. Tous les mardis, nous partions en promenade pour la journée en emportant des sandwichs et du halva ; nous allions à Yanouah par les *wadis*, à Givat HaEtz, à la mare aux oies à côté de la forteresse, à la colline aux anémones, au pont, à la tanière des ours.

*

Nous n'avions ni notes ni examens. Notre méthode d'enseignement s'appelait "Thèmes". Rivka, qui était également l'institutrice de Rocher, le premier groupe d'enfants de Yehi'am, et de Grenade, des enfants qui avaient six ans de plus que nous, parmi lesquels mon frère Yohaï, changeait de thème tous les mois ou deux, en synchronisation avec les autres kibboutzim de l'HaChomer Hatzaïr et en accord avec le centre d'Oranim, près de Haïfa. Les thèmes nous permettaient d'apprendre d'autres matières, comme l'histoire et la géographie.

Dans le thème "Explorateurs", nous avions étudié Magellan, Christophe Colomb, les pôles Nord et Sud, et l'équateur. Nous avions appris qu'en Australie, l'eau des lavabos s'écoulait en un tourbillon inverse. Chaque enfant choisissait à sa guise un pays ou un explorateur et écrivait un exposé sur celui-ci et le pays qu'il avait découvert.

Pour le thème "Kadya Molodovsky", nous avions lu ses poèmes, que nous préférions à tous les autres, des poèmes sur les pauvres enfants des faubourgs de Varsovie, et nous les avions représentés lors de la fête de fin de thème.

Quand il y avait des éclipses de soleil et de lune, nous allions avec des verres et des bouts de miroirs noircis à la fumée, observer les corps célestes changer de forme. La nuit, Yoash nous apprenait à reconnaître l'étoile Polaire, la Voie lactée et la Grande Ourse.

Nous observions les têtards et les salamandres dans leur habitat naturel, dans la citerne ou dans des aquariums de différentes tailles maintenus à différentes températures.

Pour le thème "Champ et jardin", nous plantions dans le potager labouré par nous, des carrés de choux, choux-raves, radis, poivrons et tomates, et nous fabriquions des épouvantails pour éloigner les oiseaux.

Pour le thème "Le feu", nous nous étions répartis en équipes et la nuit, du haut des collines entourant le kibboutz, de Ein Yaacov et de la forteresse, nous avions envoyé des signaux avec des torches découpées dans des sacs de jute imbibés de mazout.

Pour "Nous cuisinons", nous avions étudié les peuples du monde, leurs cultures et leurs coutumes par le biais de leur cuisine. Pour la fête de fin de thème, nous avions cuisiné les plats de différents pays et invité tous les membres du kibboutz au restaurant. Ils avaient commandé les plats sur un menu composé par nous et nous les avions servis comme des serveurs et des cuisiniers.

Pour le thème "Le climat", nous avions appris les cumulus porteurs de pluies, de vents, de grêle et d'averse, de la première et la dernière ondée de la saison. Nous étions allés voir le pluviomètre que Yaïr Argaman avait perfectionné pour le verger, et avions suivi avec anxiété la variation des moyennes des précipitations qu'il reportait avec précision sur des tableaux publiés dans le bulletin du kibboutz et affichés sur le tableau d'information.

*

Pour le thème “La poste”, nous avions appris ce qu’étaient les timbres, les enveloppes et un télégramme. Nous correspondions avec des enfants de notre âge dont nous avions tiré l’adresse au sort dans un chapeau posé sur le bureau de Rivka, pendant que les nôtres étaient également tirées au sort par d’autres enfants des kibboutzim de l’HaChomer Hatzaïr. Nos activités et nos souvenirs étaient les mêmes.

Je correspondais avec Rina du kibboutz Shomrat que je devais retrouver trois ans plus tard à l’institut du plat kibboutz d’Evron ; mais à l’époque nous ne nous connaissions pas.

Shalom Rina, comment vas-tu ?

Dans notre ferme, nous avons des brebis, une chèvre, un singe, des lapins, des cochons d’Inde et des hamsters, et comme volatiles, des paons, des oies de Chine, différentes espèces de canards, des pintades, des faisans, des colombes et des perroquets. Si je t’énumérais toutes les espèces que nous avons (les espèces de colombes, par exemple), cela ferait une très longue liste.

Et vous, quels animaux avez-vous ?

Bien à toi, amicalement

Yaël

Nous mettions nos lettres sous enveloppe, nous y collions des timbres et nous allions voir comment Rivka Ofir, la secrétaire, les tamponnait. Puis nous les accompagnions à la voiture rouge qui les emporterait au bureau de poste de haute Galilée, d’où elles partaient dans toutes les directions du pays, puis nous attendions anxieusement les réponses qui viendraient nous parler des animaux de la ferme des enfants ou des moyennes des précipitations des autres kibboutzim du vaste monde.

À la fin du thème, nous avions ouvert un bureau de poste dans lequel nous vendions aux membres des timbres et des enveloppes en échange d'argent en papier. Ils achetaient aussi des télégrammes que des coursiers pressés par nous portaient aux destinataires.

*

Pour le thème "Nous, les Indiens", nous avions installé un campement de totems au pied de la forteresse, et, répartis en équipes, nous avions dormi sous les tentes que nous avions montées. Nous portions des vêtements en toile de jute, un bandeau autour de la tête, le visage peint jour et nuit de traits de camouflage, les cheveux tressés et des rubans sur le front. Nous fumions le calumet de la paix. Tous les soirs, nous allumions un grand feu dans lequel nous faisions cuire des pommes de terre que nous mangions ensuite. La nuit, nous montions la garde deux par deux autour du camp en nous relayant toutes les deux heures. Les gardiens étaient toujours sur le qui-vive, l'un avait l'oreille collée au sol, l'autre bandait son arc. Ils donnaient l'alerte dès que l'ennemi approchait : les nazis, les terroristes, les chacals, ou les enfants de Chêne qui venaient toujours nous barbouiller de dentifrice ou de cirage. Nous allions à la rencontre de l'ennemi armés d'arcs et de flèches. Nous nous sentions invincibles, nous étions des Indiens.

Nous, les Indiens.

*

Quand nous apprenions en classe l'histoire ou le calcul et que nous ne parvenions pas à écouter ou à nous concentrer, Rivka nous faisait sortir. "Lorsque vous sentez que vous dérangez, sortez s'il vous plaît", nous disait-elle. Au début, nous ne bougions pas, par politesse ou par honte. "Dehors, s'il vous plaît", disait-elle sèchement aux perturbateurs. Nous sortions. À la fin de la leçon, elle voulait savoir ce que nous avions fait. Nous lui racontions que nous avions navigué sur un radeau sur la citerne, ou que nous avions joué à un jeu de piste avec les enfants de Térébinthe ou de Chêne, quand ils étaient dehors eux aussi. Elle voulait savoir tous les détails, comme si c'était elle qui avait manqué la pause et les jeux, et pas nous qui avions manqué la classe.

En CM1, nous avions étudié le thème "L'oiseau et le nid". Répartis en binômes, nous devions observer un nid et reporter son évolution sur des stencils qu'on nous avait distribués. Edith et moi avions de nouveau réussi à nous mettre ensemble. On disait que nous avions une mauvaise influence l'une sur l'autre et que si nous ne pouvions pas nous discipliner, ce serait la dernière fois que nous serions ensemble.

Nous avions trouvé un nid à côté du club de détente, notre endroit préféré. C'était un bâtiment de pierre très différent des autres constructions du kibboutz. Il était entouré de jardins secrets, avait des marches à l'avant et à l'arrière de sorte qu'on ne distinguait pas la façade de l'arrière. On imaginait une entrée pour les domestiques, une autre pour les maîtres, et un petit bout de pelouse pour y servir des petits fours devant la bibliothèque. Sur la pelouse avant ou arrière, c'est selon, il y avait une statue de femme nue.

Sur l'arbre à côté de la statue du club, Edith et moi avions trouvé notre nid. Un nid de moineaux. Un vrai nid avec des oisillons.

Après le petit-déjeuner, on octroyait deux heures à chaque binôme d'oiseleurs (à l'époque de ce thème, c'est ainsi qu'on nous appelait tous) pour observer les oiseaux et rédiger un compte rendu qui serait lu le lendemain devant toute la classe. Ces heures de liberté tentatrices nous entraînaient, Edith et moi, vers d'autres occupations.

Au début, nous nous étions dit que nous n'étions pas obligées de passer deux grandes heures devant un nid pour rapporter ce qui s'y passait. Puis, nous avions pensé que même une heure, c'était trop. Et le mercredi et jeudi venus, nous avions cessé d'observer les oiseaux.

Nous rédigions tous les jours notre compte rendu dont une partie était entièrement inventée. Dans notre nid, la mère apportait aux oisillons de la nourriture qui s'échappait soudain de son bec, et le père se précipitait aussitôt pour la rattraper. Les faucons, nombreux autour de la forteresse, rôdaient au-dessus du nid et mettaient les oisillons en danger. Soudain, après trois jours d'observation, le père avait cessé de venir. Était-il mort ? avions-nous demandé aux enfants de Narcisse et à Rivka, entraînées par notre imagination.

Mais le temps que nous étions censées consacrer à l'observation du nid, nous le passions à planifier un cambriolage d'importance, celui du club de détente. Le but de nos cambriolages et de nos crimes était clair et évident : les bonbons. Nous n'enviions aux gens des villes ni leurs vêtements, ni leurs bicyclettes, ni leurs skateboards, mais nous rêvions de bonbons, comme les garçons rêvent de filles et les filles rêvent d'amour. Tout en étant destinées à nous entraîner l'une l'autre, Edith et moi n'avons pas été soupçonnées de cette effraction, peut-être à cause de notre maigreur. Et parce que nous étions des filles. Et que nos comptes rendus sur les oiseaux et le nid étaient crédibles.

*

Le club était une mine de gourmandises. Là-bas, un placard tout entier contenait des friandises pour les soirées que les membres du kibboutz passaient à jouer aux échecs, à lire les journaux et à d'autres occupations dont nous n'avions aucune idée. C'est là qu'ils allaient après le dîner dans la salle à manger parallèle à la nôtre. Ces deux lieux faisaient partie de leur temps de loisirs, on y parlait de l'organisation du travail, des fêtes, des deuils, des colères des uns contre les autres, des réconciliations, des accusations, des silences, etc.

Le club contenait d'énormes boîtes de gaufrettes et de biscuits faciles à délester sans qu'on s'en aperçoive, c'est du moins ce que nous pensions. Mais en réalité, le cambriolage avait été bien plus compliqué. La porte était fermée à clef, il fallait entrer par la fenêtre qui était visible par ceux qui sortaient de la salle à manger par la porte de derrière. Quiconque passait par là au même moment risquait de nous surprendre.

Grimper à la fenêtre qui se trouvait à une hauteur imprévue nous avait pris beaucoup de temps, car il n'y avait personne pour faire la courte échelle à l'une ni pour aider l'autre, qui, cramponnée à la fenêtre, avait toutes les peines du monde à écarter la moustiquaire. Quand nous avions enfin réussi à entrer, éraflées par les rugosités du mur et tétanisées par la peur d'être prises, nous n'avions pas su dans quoi envelopper notre butin.

Nous ne voulions plus que fuir au plus vite, et nous avions fini par décider d'emporter une boîte métallique de gaufrettes. Après avoir eu du mal à refermer la moustiquaire derrière nous, nous n'avions plus recommencé. Pendant toute la durée du thème, nous avions vécu sur la cachette de gaufrettes que nous avions enterrée au pied de l'arbre de l'oiseau, des oisillons et du nid.

*

Plus tard, en d'autres occasions, on a menacé de nous séparer, ou de nous envoyer chez un psychologue. Il n'y en avait pas au kibboutz. Ils n'habitaient pas, comme le dentiste à Nahariya ou dans les environs. Ils vivaient plus loin et coûtaient plus cher. Ce n'était qu'en désespoir de cause qu'on nous conduisait à Haïfa dans le quartier chic de Carmel. On nous y envoyait dans l'espoir de balayer les problèmes hors du kibboutz ou du moins de balayer les psychologues hors de nos murs. Les Hongrois ne faisaient confiance ni à la psychologie ni aux psychologues qu'ils considéraient plus comme des astrologues que des soignants. La psychologie était un thème comique dans les histoires drôles qu'écrivait Zamba, par exemple dans le sketch qui mettait en scène une éducatrice et un garde de nuit échangeant des instructions et des remarques sur les bébés et les enfants de la maison d'enfants.

La puéricultrice écrit au garde de nuit :

Shalom au garde de nuit!

Zahara est malade, elle va sûrement pleurer cette nuit (le lit en face de la porte). Donne-lui une bougie. N'oublie pas que ce n'est qu'un bébé, et que les règles que tu as apprises autrefois au lycée agricole sont uniquement valables pour les génisses [...]

Salutations de la puéricultrice.

Le garde de nuit écrit à la puéricultrice du jardin d'enfants :

Shalom à la puéricultrice du jardin d'enfants!

Tu as oublié au jardin d'enfants ton livre La Psychologie du premier âge. *Je l'ai feuilleté, il est très intéressant. Surtout le chapitre sur la cause de l'énurésie au stade oral. Apparemment, ce stade a été difficile pour Ronit et Amit. Je leur ai demandé s'ils avaient lu le livre, ils m'ont dit que non. Ils ont pourtant mouillé trois fois leur lit. Par pur instinct naturel. D'après tes instructions, j'ai changé deux fois leurs draps et à la troisième, ils ont appris comment je faisais et les ont changés eux-mêmes.*

Salutations, le garde de nuit.

*

Avant d'envoyer les enfants chez les psychologues du très chic Carmel, on détectait chez eux des "problèmes particuliers". Parfois, ces problèmes particuliers consistaient à mettre le feu à une grange, voler un camion de pompiers pour le conduire, tuer une quantité excessive d'animaux ou s'écarter de façon significative de la manière admise de les tuer.

La plupart de nos chiens ne vivaient pas longtemps.

De nombreux dangers les menaçaient, provenant soit des enfants, soit des adultes. Du côté des adultes, il y avait l'empoisonneur de chiens, c'était le vétérinaire. Il n'y avait rien à faire, car il venait de là-bas, du pays du Danube gelé. Les explications étaient nombreuses. On disait, entre autres, que c'était parce que là-bas, les nazis avaient lâché des chiens contre lui ou sa famille.

Nous, à Narcisse, nous avions Barak. Nous ne savions plus qui l'avait trouvé, ni comment il était devenu le nôtre, ni comment nous avions choisi son nom. Nous l'appelions Barak. Sa vie fut courte, mais heureuse.

Il est arrivé chez nous alors qu'il n'était encore qu'un petit chiot, et il aimait particulièrement nos quatre casiers à chaussures placés devant nos quatre chambres. Il s'y blottissait jusqu'à ce qu'il soit devenu assez grand pour occuper la niche que nous lui avions fabriquée à l'extérieur. Nous ne le quittions que durant l'heure et les cinquante minutes de la visite chez nos parents biologiques. À dix-neuf heures vingt, nous revenions à Barak, nous le caressions et l'embrassions, il nous sautait dessus et nous léchait.

Il est mort moins d'un an plus tard de la mort naturelle de nos chiens : empoisonné. Nous avons essayé de ne pas nous demander si c'était intentionnel ou non, car ce n'était ni contre lui, ni contre nous, ni même à cause de lui ou de nous, mais c'était apparemment une question de quota (ou de couleur, ou de race, ou de taille, impossible de le savoir). La plupart des chiens du kibboutz mouraient empoisonnés. Un poison ciblé ou disséminé. L'empoisonneur était le vétérinaire. Il aimait vraiment les animaux et leur administrait de la pénicilline lorsqu'ils étaient malades. Chacun savait qu'on pouvait le déranger à toute heure du jour ou de la nuit pour soigner une bête blessée et qu'il ferait tout pour la sauver.

Lorsque Barak est mort, nous l'avons enterré dans un carré que nous avions préparé, face à un coin que nous appelions "le joli coin", une tonnelle naturelle et verte, tout près de sa niche. Nous avons décrété sept jours de deuil comme pour les humains, pendant lesquels nous ne mangerions pas de friandises entre dix-sept heures trente et dix-neuf heures vingt, dans la maison de nos parents biologiques. Nous avons tenu pendant deux jours, le troisième nous avons mangé des gaufrettes, mais nous n'avons jamais oublié Barak.

*

Les enfants de Chêne avaient la chienne la plus ancienne. Personne n'avait compris comment Kouchita, qui signifie noiraude, avait survécu durant tant d'années. Chez Narcisse, nous l'appelions "Kouchita, Queue de Dragon", et nous étions jaloux de Chêne à cause de cette petite chienne hirsute et noire, mais vivante et survivante.

Elle avait survécu à tous les poisons, ciblés et disséminés, mais elle non plus n'est pas morte de sa belle mort.

Il existe plusieurs versions de sa mort qui ont toutes un point commun : un tracteur conduit par un enfant avait roulé sur elle aller-retour. Sous les yeux mêmes des enfants de Chêne.

Les uns disaient qu'avant de l'écraser, on l'avait jetée du haut de la tour du silo, haute de dix étages. D'autres disaient qu'avant de la jeter du haut de la tour du silo haute de dix étages, on l'avait enfermée dans un sac de jute lesté de pierres, pour qu'elle tombe plus vite, et d'autres encore, qu'on l'avait enfermée dans un sac de jute sans pierres, pour qu'elle tombe plus lentement.

Kouchita avait peut-être offensé la vue de quelqu'un par son existence même de survivante, ou peut-être est-elle morte sans aucune raison. Morte de mort naturelle, comme les chiens mouraient chez nous, d'une chute, écrasée ou empoisonnée.

Aucun adulte n'a demandé qui l'avait écrasée ni comment Kouchita était morte. Les différentes versions ne circulaient qu'entre nous. Nous ne voyions jamais les choses quand elles se produisaient. Nous leur tournions le dos pour ne pas savoir, ou ne pas voir. Ou au contraire, nous les observions, les yeux grands ouverts, sans savoir, sans voir. Tourner le dos était notre langue maternelle, nos dos voyaient comme nos yeux. Nos yeux étaient aveugles comme nos dos. Si les adultes cherchaient quelqu'un parmi nous, nous faisions bloc autour de lui, autour de nous – nous ne nous souvenions de rien, nous ne savions pas qui parmi nous avait fait quoi, ou ce qu'on nous avait fait, à nous ou à nos chiens.

Les Chêne ont enterré Kouchita dans leur coin de terre préféré et la vie a repris son cours. Le ciel ne s'est pas écroulé. Une commission s'est peut-être occupée de celui qui l'a écrasée.

Quand la méthode socialiste et toutes ses commissions désespéraient des enfants à "problèmes particuliers", ils étaient rejetés hors de l'enceinte du kibboutz, comme des chacals, et exilés dans des "foyers spécialisés".

Nos chiens étaient empoisonnés par les adultes ou précipités comme de la pluie du haut du silo par les enfants. Pourtant nous aimions nos études par thèmes et nos jeux sur le terrain de football pendant les longues récréations, avec Barak et Kouchita courant derrière nous en remuant la queue.

11

Parfois, l'excès de bonheur nous donnait des ailes et nous planions. Cela se produisait brusquement, en plein mouvement. Nous planions tous les matins à dix heures et demie, après avoir fini de travailler, quand nous courions au terrain de football par le raccourci. Nous planions quand nous marchions sur la poutre posée sur le côté du terrain, essayant de garder notre équilibre.

Parfois nous courions durant quelques minutes vers les longues cordes de la buanderie. Après nous être assurés qu'aucun adulte n'était en vue, nous nous y suspendions, mains cramponnées à la corde, un enfant faisait tourner la poulie, nous nous détachions lentement de l'espace bétonné, puis du monde, les pieds ballants au-dessus du sol, la tête ivre d'air.

Nous planions dans les voitures de course construites par Zohar et Amram de CM2 : le châssis était une planche montée sur quatre roues, une chaîne métallique était le volant et une barre à l'extrémité inférieure garnie de caoutchouc était le frein. Pendant des jours et des jours, nous circulions dans notre chariot entre la maison de nos parents biologiques et la maison des enfants. Nous leur disions : “Inutile de nous raccompagner, nous avons notre auto", et nous nous envolions, tirant le chariot dans les montées, volant dans les descentes, planant dans les virages serrés, dirigeant l'engin avec la chaîne, freinant avec la barre caoutchoutée.

*

Nous avons commencé à travailler en CE1. Nous travaillions dans "les chambres", comme "aide puéricultrice", dans "la ferme des enfants" et dans "la classe". Notre affectation changeait toutes les semaines, nous travaillions par équipe de deux ou quatre. Pour "La classe" il fallait nettoyer le tableau noir, poser les chaises sur les tables et laver le sol de notre salle de classe qui se trouvait dans le bâtiment de Narcisse, à côté de notre salle à manger. Les tâches de "l'aide-ménagère" étaient simples, mais à des heures incommodes et fragmentées. Il fallait débarrasser et nettoyer les tables de notre salle à manger après le petit-déjeuner et le déjeuner, puis faire toutes sortes de petites courses avec le chariot de l'éducatrice, rapporter le linge propre de la buanderie communautaire, rapporter à manger de la salle à manger principale, et chaque tâche à des heures différentes.

Les corvées des "chambres" étaient particulièrement détestées. Nos quatre chambres, où dormaient quatre enfants par chambre, un à chaque coin, étaient en permanence rangées et tirées au cordeau. L'épais couvre-lit jaune était posé par chaque enfant dès le lever matinal. Mais le rangement n'était qu'un début, il était destiné à dégager le moindre recoin où pénétrerait la serpillière.

Durant la semaine où nous étions affectés aux "chambres", nous lavions à grandes eaux nos quatre chambres, tous les matins à dix heures. Après nous, l'éducatrice relavait le tout. Nos chambres étaient nues. Mis à part nos lits et nos tables de nuit, elles ne contenaient rien. Elles étaient d'une propreté immaculée, presque stérile, la peinture à l'huile jaune des murs était lessivable et lessivée. On nous répétait toujours que la simple propreté était insuffisante, qu'il fallait un nettoyage à fond, censé empêcher l'infiltration de microbes et la propagation d'épidémies dans la maison des enfants.

Notre système a suscité de nombreuses critiques, surtout le fait de faire dormir les enfants dans la maison des enfants. C'est peut-être la raison pour laquelle tout le monde était entraîné dans ce rituel de propreté, comme si cette hygiène rigoureuse prouvait le bien-fondé des maisons d'enfants. La propreté était plus vaste et plus haut placée que nous. Propreté d'hôpital, propreté de prison. Les éducatrices principales, temporaires, remplaçantes et nous-mêmes étions les ouvriers de la machine Propreté.

Nous balayions le plancher, puis nous le récurions à l'eau chaude et au savon avec une brosse de chiendent, puis nous chassions le ruisseau tout le long du couloir à l'aide d'une raclette.

Au cours du rite de lavage quotidien du sol, nous changions trois fois l'eau chaude du seau pour qu'elle ne soit pas salie par la serpillière et vice versa. Nous rincions sans cesse la serpillière, l'essorions vigoureusement, pour ensuite l'utiliser à sécher le carrelage.

Trois chambres donnaient sur le couloir au bout duquel se trouvait "la dernière chambre", celle dont la porte donnait sur le début du couloir, en face de la chambre de l'éducatrice où étaient placés les casiers contenant nos vêtements, distribués selon chaque chambre. À partir de la sienne, l'éducatrice pouvait surveiller tout le couloir. Parfois, lorsque des éducatrices temporaires travaillaient chez nous, nous nous faufilions dans la dernière chambre, la quatrième que nous utilisions comme façade. Nous posions bien en évidence le seau et la serpillière devant la porte, comme si nous étions en plein travail et sur le point de revenir. Nous répandions un peu de produit de nettoyage sur le sol et nous sautions par la fenêtre. De sa place où elle pouvait tout voir d'un coup d'œil, l'éducatrice ne remarquait rien et d'ailleurs, il fallait bien qu'elle nettoie après nous. Plus tard, elle pourra bien crier, disions-nous, en attendant filons en vitesse. Nous sautions par la fenêtre et nous courions, volions vers le terrain de jeu pour jouer le plus longtemps possible.

*

La ferme des enfants, c'est-à-dire la ferme gérée par les enfants (comme la ferme du kibboutz gérée par les adultes) n'était pas, comme le pensaient parfois les citadins qui venaient nous rendre visite, un endroit pour caresser les animaux. C'était un modèle réduit des problèmes de gestion du kibboutz. Nous étions censés, non seulement nous attacher aux animaux, mais surtout y faire l'apprentissage du travail, de l'ordre et de la propreté, de l'autodiscipline, du travail en équipe, développer notre sens des responsabilités (déjà très aiguisé chez nous, en une conscience vivace et ardente en permanence, au point de devenir une véritable excroissance interne).

Ses concepteurs avaient aussi prévu la création de commissions pour nous exercer aux fonctions de coordinateur de section, de planificateur des tâches, de trésorier, etc. Et comme d'habitude, selon notre méthode, les programmes étaient grandioses et visionnaires, et le manque de temps leur plus grand ennemi. Mais tout de même, nous étions attachés aux bêtes et nous aimions le travail, malgré le froid et les pâtées puantes que nous préparions avec du pain et de l'eau dans des bidons en fer-blanc que nous servions aux animaux.

Ces derniers étaient sélectionnés suivant des considérations budgétaires, les préférences du responsable de la ferme des enfants et les modes éphémères de l'époque. En général, on y trouvait des lapins, cochons d'Inde, hamsters, paons, oies, différentes espèces de canards, des pintades, poules, faisans, pigeons, brebis, chèvres et parfois des cerfs nains, des perroquets et des singes.

Par deux fois, dans l'histoire de la ferme des enfants de Yehi'am, fondée en 1960, l'année de notre naissance, des animaux venus de nulle part y ont pénétré en contournant les commissions et les procédures d'admission. Comme s'ils avaient été attirés par la ferme des enfants qu'ils avaient voulu rejoindre. Une première fois aux débuts de la ferme. Un matin, en arrivant à leur travail, les enfants de Rocher, les premiers du kibboutz, n'en crurent pas leurs yeux en voyant un vieux chameau blanc, tout affaibli, devant le portail. La ferme était encore petite, elle ne contenait que quelques lapins, des cochons d'Inde et un couple d'oies au long cou appelées Eva et Jonathan, du nom d'un couple de grands Juifs allemands vivant au kibboutz. Et soudain, un chameau blanc ! Les enfants lui donnèrent à manger et à boire, s'occupèrent de lui et le prirent en affection dès le premier jour. Entre-temps, on avait informé la police de Tarshiha de la présence d'un chameau blanc égaré. Une semaine plus tard, un Arabe de Jish arriva, le chameau courut vers lui et ils s'embrassèrent. Il raconta que son chameau s'était égaré depuis deux semaines déjà. Puis il offrit cinquante livres – une somme à l'époque – aux enfants de Rocher pour les remercier d'avoir pris soin de sa bête avec dévouement. Avec l'argent, les enfants achetèrent un agneau.

Dix ans plus tard, au cours d'une violente tempête, un canard de Barbarie se posa dans la cour du kibboutz derrière une maison, alors que le vent soufflait en rafale. D'après le responsable de la ferme, il appartenait sûrement à Ein Yaacov (un moshav situé à deux kilomètres de chez nous, juste à côté du kibboutz Ga'aton, mais où nous n'étions jamais allés). La nuit, nous nous sommes raconté que le canard ne venait pas d'Ein Yaacov, mais du Kansas, comme Dorothée dans *Le Magicien d'Oz*, emportée avec sa maison par une tornade.

Ce furent deux cas isolés. Comme nous, nos animaux circulaient exclusivement entre les kibboutzim de l'HaChomer Hatzaïr. Au cours de journées d'étude, les responsables nationaux des fermes des enfants débattaient de l'élevage des animaux et de l'aspect pédagogique de la participation des enfants aux travaux du kibboutz. Les journées d'étude avaient aussi un but pratique : les responsables des fermes d'enfants décidaient entre eux d'échanges d'animaux. Par exemple, la ferme des enfants de Yehi'am donna au kibboutz Gan Shmouel son excédent de cygnes en échange d'un âne et d'un paon mâles.

*

À dix heures et demie, une fois achevé notre quota de travail quotidien à “la ferme des enfants”, dans “la classe” et le travail détesté dans “les chambres”, nous nous envolions vers le grand terrain de football pour jouer à perdre haleine avec les enfants de Chêne, Térébinthe ou Anémone jusqu'à onze heures et quart, heure à laquelle commençait la leçon.

Pendant nos jeux, nous changions tous les jours la composition de nos équipes et priions ardemment pour la victoire de la nôtre, formions des vœux, jetions des sorts, pourvu que notre camp soit vainqueur.

Nous changions de jeu au gré de nos humeurs et passions de la “balle de camp”, au “ramasse foulard”, aux “prisonniers”, aux “drapeaux” et ainsi de suite. Emportés par les jeux, nous jouions à fond, de la terre jusqu'au ciel, attrapant le ballon, passant le ballon, sautant en l'air, fonçant entre les piquets, nous cachant derrière les cyprès, oubliant tout le reste.

Les mercredis, entre treize et quinze heures, nous avions des “vacances de sieste”, la permission de ne pas faire la sieste que nous détestions et de continuer à jouer avec les enfants de Chêne, Térébinthe et Anémone.

Mais les autres jours de la semaine, tout au long de l'année, nous devions dormir entre une et trois heures de l'après-midi, ou tout au moins rester au lit, parfaitement silencieux. Interdiction de lire, de bouger, de déranger l'éducatrice qui, pendant ce temps, pliait et rangeait le linge dans les casiers, cirait les chaussures et accomplissait d'autres tâches selon sa rapidité et nos interruptions. Nous haïssions ces heures figées. Le temps ne passait pas, il reculait sur les montres que nous n'avions pas dans la maison des enfants. Nous essayions de deviner l'heure, d'imaginer les aiguilles des minutes et des secondes.

Le temps se figeait aussi pendant le déjeuner lorsque nous étions immobilisés à table longtemps après la fin du repas, quand nous refusions de manger. Nous nous sentions freinés dans notre élan, emprisonnés. Aussi nous avions mis au point une technique : nous arrivions à table les poches pleines de bouts de papier pour ne pas éveiller les soupçons, peu à peu nous émiettions la viande que nous fourrions dans les papiers au fond de nos poches et à la fin, à l'insu des éducatrices, nous jetions le tout dans la poubelle.

Nous n'avions pas peur de celles qui nous forçaient à manger, nous n'étions pas humiliés par les ongles qui s'enfonçaient dans nos bras lorsqu'elles perdaient patience, ni par leur façon de nous secouer, l'une par les bras, une autre par les jambes. Pour nous apprendre à tout manger la prochaine fois. Pendant qu'elles nous secouaient, nous pensions à autre chose, nous promettant de ne pas retenir la leçon pour la prochaine fois.

*

Les éducatrices étaient tout aussi prisonnières du système que nous, prisonnières et gardiennes de prison. Dès les premières communautés, avant même les kibboutzim, les femmes avaient toujours été préposées et s'étaient préposées elles-mêmes aux travaux des cuisines, des buanderies et des maisons d'enfants. Pour mieux faire tourner la communauté et ne pas déranger les hommes qui œuvraient dans les champs.

Les communautés, et plus tard les kibboutzim, avaient décrété que l'enfant appartenait à ses parents, mais que la responsabilité de son éducation et des soins à lui donner incombait au kibboutz dans son ensemble, et toutes les femmes, mariées ou célibataires, devaient s'occuper à tour de rôle des bébés, permettant aux mères de continuer à travailler à la ferme.

Notre système n'était pas favorable aux femmes. Les jeunes filles, les célibataires et même les fillettes de cinquième travaillaient dans les maisons d'enfants. On y manquait toujours de main-d'œuvre. Destinées initialement à libérer les femmes des soins à donner à leurs enfants, en fait elles les y enfermaient, mais avec d'autres enfants. Il existait une égalité dans le travail féminin, mais uniquement entre femmes, entre mères et célibataires, cette égalité ne s'étendait pas aux hommes, sauf quand ils étaient de garde le samedi, toutes les cinq semaines.

*

Pendant les heures de sieste forcée de l'après-midi, entre une heure et trois heures, nous perdions patience. Nous ne voyions plus les éducatrices que comme des geôlières et, au fond de nos lits, nous nous apitoyions sur notre sort. Nous n'avions pas sommeil, nous comptions les secondes, mais elles nous filaient entre les doigts. Le temps ne passait pas. Tout nous était détestable.

Parfois, nous nous levions brusquement, comme si l'âme se révoltait contre le corps qui se laissait entraîner dans la rébellion. Nous n'en pouvions plus. Parfois les éducatrices nous surprenaient et, au lieu de se mettre en colère, nous faisaient distribuer le linge dans les casiers et d'autres fois, elles nous envoyaient au piquet, assis jusqu'à trois heures sur un banc des douches. C'est mieux que d'être couchés, nous disions-nous. Nous avons au moins essayé.

À trois heures, l'éducatrice passait dans les chambres, nous sautions du lit, bien éveillés, et nous nous précipitions dehors. Nous jouions jusqu'à cinq heures et demie. Au basket, aux prisonniers, à un deux trois soleil, au poteau, aux cinq bâtons ou à un jeu de piste. Selon la mode du moment et la saison de l'année. En été, nous jouions à l'épervier dans la piscine, et le reste de l'année sur la pelouse.

À cinq heures et demie, nous allions chez nos parents biologiques où nous jouions aussi. Nous courions sur la grande pelouse devant la rangée des quatre chambres de parents et nous jouions avec les enfants de la rangée. Nos frères aînés étaient au collège ou à l'armée, nous ne voulions pas rester à la maison, nous étouffions sur les banquettes raides face aux étagères en contreplaqué, et nous voulions courir. Nous engloutissions un gâteau en vitesse, et tous les jours Anat m'appelait, ou je l'appelais et nous courions jouer ensemble à des jeux que nous inventions. Nous courions apporter des objets au camp que nous avions installé sur la pelouse, c'était un camp de soldates en service dans les kibboutzim, comme il en existait à Yehi'am. Et un jour, en allant chercher de l'équipement pour notre camp, nous sommes arrivées à la maison des parents, située juste à côté de celle de nos parents biologiques.

Là vivaient de vrais grands-parents sortis tout droit des contes de Grimm. Dans nos kibboutzim éternellement jeunes, les personnes âgées étaient une rareté. Officiellement, on les appelait “les parents”, car ils étaient les parents de membres du kibboutz, mais tout le monde les appelait par le seul terme familial infiltré dans la langue du kibboutz, grand-père ou grand-mère. Grand-père Vilmos. Grand-mère Gutman.

Certains étaient les grands-parents des enfants de Narcisse, d’autres travaillaient au kibboutz, mais nous n’étions jamais allés chez eux jusqu’à ce jour-là. Peu nombreux et rescapés de la Shoah pour la plupart, ils vivaient dans les kibboutzim en vertu d’un décret bureaucratique humanitaire de l’HaChomer Hatzaïr qui leur permettait de rester auprès de leur famille, de jeûner le jour de Kippour, et de rompre le jeûne dans notre salle à manger laïque. Il n’y avait pas de synagogue chez nous. Et le jour de Kippour, nous étions fiers de travailler comme d’habitude et de manger du sanglier rôti sur un feu de camp. Nous ne fêtions ni les circoncisions ni les bar-mitsvoths et il n’y avait pas de rabbin à nos mariages. Les morts n’étaient pas enterrés dans un linceul selon la coutume juive, mais dans des cercueils et sans réciter le Kaddish, ni même citer un verset de la Bible interdite. La cérémonie s’accompagnait d’un poème profane de Nathan Alterman, de Nathan Yonathan ou de Nathan Zach.

Derrière la porte des chambres des grands-parents, on eût dit que le miroir brisé avait été remplacé par le décor d’un monde étrange et étranger. Ils parlaient presque uniquement le hongrois. Il y avait sur leurs étagères des napperons hongrois brodés et des porcelaines. Leurs placards étaient pleins de friandises comme s’ils attendaient la venue d’une centaine d'enfants. Après cette première visite, nous sommes retournés les voir deux ou trois fois par mois. Ils nous accueillaient avec joie, sortaient de leur petit buffet des assiettes de porcelaine blanche et y déposaient des bonbons et des gaufrettes. En allant chez eux, nous cueillions un peu d'herbe que nous leur tendions comme des fleurs. Nous y passions une minute, regardions autour de nous et mangions des bonbons. Grand-mère Vilmos se teignait les cheveux en blond, ses ongles étaient peints en rouge et elle portait du rouge à lèvres rose, seule femme du kibboutz à se maquiller. Apparemment, elle en avait la permission en vertu du même décret humanitaire-bureaucratique. Elle nous murmurait des mots de tendresse en hongrois, et grand-père Vilmos riait. Nous disions *Köszönom szepen* (Merci beaucoup) et nous partions en courant. Personne n'a jamais rien su de nos visites dans le vieux monde antique, à vingt mètres de la maison de nos parents biologiques.

*

La nuit, après le travail, les leçons et les jeux, une fois revenus de chez nos parents biologiques et après avoir dîné dans notre salle de classe des Narcisse, assis autour des petites tables en Formica, après la visite de nos parents biologiques pour le quart d'heure qui leur était accordé et où ils nous montraient la trotteuse de leur montre et parlaient du travail entre eux, nous allions nous coucher. L'éducatrice s'installait dans le couloir, nous n'entendions que sa voix pendant qu'elle nous lisait un chapitre de *Jim Bouton et le Chauffeur de locomotive*, ou *Les Gars de la rue Paul* ou *Les Enfants de l'eau*, puis elle nous disait bonne nuit et s'en allait.

Nous lui répondions “Bonne nuit”, nous attendions un instant qu’elle s’éloigne et nous reprenions notre vie. À l’époque, nous étions préoccupés par une invention destinée à nous déshabituer de sucer notre pouce. Dans notre chambre (“notre” cette année-là, car nous nous répartissions différemment chaque année dans les chambres pour ne pas perpétuer les différences et susciter les occasions de rencontres), “la dernière”, celle du fond, nous n’étions pas parvenus à nous débarrasser de cette habitude. Finalement nous avons involontairement trouvé un moyen : dans le placard des éducatrices, il y avait une crème pour les mains dont nous avions barbouillé les nôtres et en mettant le doigt dans la bouche, nous avions découvert son goût atroce. Chaque soir, après le départ de l’éducatrice, nous nous enduisions les mains de cette crème. La trouvaille a vite marché pour nous tous, sauf pour Zohar.

Pour une raison incompréhensible dont nous avons continué à parler des années plus tard, Zohar recevait chaque soir des bonbons pour l’aider à arrêter de sucer son pouce. Des bonbons ronds en couleur dans une soucoupe posée sur une chaise près de son lit. Comme ceux que l’on donnait à chacun de nous, une fois par an, à notre anniversaire. Les bonbons de Zohar enflammaient notre imagination nocturne comme des vers luisants. Nous en voulions aussi. La soif d’égalité nous déchirait le cœur, et Zohar, tourmenté d’être le seul à avoir des bonbons, nous en donnait aussi, dans la dernière chambre, celle des Narcisse. Assis sur nos lits, Ronen, Haggit, Zohar et moi, le bonbon le plus brillant du monde dans la bouche, avions décrété qu’à dater de cette nuit-là, celui qui lâcherait un pet devrait le reconnaître devant tous et raconter une histoire dont l'unique sujet serait le caca. L'idée fut votée à l'unanimité. Nos nuits se peuplèrent alors de palais de caca, de villes de caca, de gens de caca faisant de choses de caca. Jusqu'au moment où, le sujet épuisé, nous passâmes à autre chose.

12

Tout a changé en un seul jour, quand nous avons eu douze ans en classe de cinquième. Nous avons quitté Yehi'am et la montagne, la classe des Narcisse et notre institutrice Rivka pour l'institut éducatif d'Oshrat, à côté du plat kibboutz Evron. C'est là que nous mangions, étudions et dormions. C'est là que nous habitions.

Deux fois par semaine, nous retournions à Yehi'am pour travailler aux champs ou dans les maisons d'enfants, rendre visite à nos parents, boire un Nescafé et manger un gâteau avec eux, puis nous rentrions à l'Institut. Et une ou deux fois par semaine, nous ne venions à Yehi'am que pour travailler et repartir.

Notre rangée, les Narcisse, qui suivait Rivka comme un mille-pattes avec les chaussures de Pirosh aux pieds en allant voir les arbousiers sur la colline, s'était effilochée. Et en s'effilochant, elle avait entraîné la perte d'autres habitudes : nous ne jouions plus au football ou à la balle au prisonnier sur le terrain de jeux, nous ne naviguions plus sur des radeaux sur la citerne, nous n'étions plus disposés en fer à cheval pour écouter Rivka, ni en carrés autour des tables de Formica à l'heure des repas.

Le paysage aussi avait changé, comme si le décor avait été mis de côté pour révéler une scène vide. Il n'y avait pas de vers luisants à l'institut. Pas de salamandres. Pas de scilles. Pas de caroubiers ni de figuiers. Pas d'arbres de Judée.

Non seulement la nature était inexistante à l'institut, mais il n'y avait pas de paysage, pas de vue. Il ne donnait sur rien. C'était un ensemble de bâtiments fonctionnels – chambres, salles de classe pour chaque groupe, salle à manger, bibliothèque et salle de lecture, et, entre eux, des pelouses sans âme.

Nous avons rejoint un endroit où vivaient cent quatre-vingts adolescents venus de quatre kibboutzim (Evron, Shomrat, Ga'aton et Yehi'am), de la cinquième à la terminale, dans une liberté de choix permanente.

Nous n'allions plus travailler à Yehi'am dans notre pick-up, mais dans l'autocar jaune du conseil régional, avec ceux du kibboutz Ga'aton ; nous les prenions en descendant vers Evron, et nous les déposions en montant vers Yehi'am. Notre kibboutz était toujours le plus éloigné, le plus haut, le plus isolé et sur le chemin du retour, nous ne chantions plus le chant de Yehi'am. Il avait été abandonné au bout de l'horizon du passé, comme les dents de lait.

Les derniers adultes quittaient l'institut tous les jours à trois heures de l'après-midi après les cours et retournaient dans leurs kibboutzim respectifs. Nous y sommes restés jour après jour, pendant six ans d'affilée.

*

Tous les kibboutzim ne possédaient pas de tels instituts éducatifs qui étaient l'apanage exclusif de l'HaChomer

Hatzaïr. Le premier avait été fondé en 1931, à Mishmar HaEmek, un kibboutz au nord d'Israël. Le nôtre, Oshrat, fut créé en 1961. Lorsque nous l'avons rejoint au début des années 1970, il y en avait vingt en Israël, bâtis suivant le même modèle et portant le nom de leur région : Thabor, Guilboa, Einot Yarden, Maale Habsor, Mevo'ot HaNeguev, etc.

L'institut était conçu suivant le modèle des camps indépendants de l'HaChomer Hatzaïr, situé près d'un kibboutz, mais séparé de lui. La proximité comme l'éloignement étaient intentionnels, il fallait éduquer et protéger les jeunes de la menace de la corruption bourgeoise provenant des familles et des kibboutzim déjà pervertis, mais en même temps, il fallait leur inculquer les valeurs de travail, de créativité et de communauté par l'intermédiaire d'un "personnel travailleur" qui leur transmettrait ces principes de manière directe et sans autorité.

Ce "personnel travailleur" se composait d'enseignants, de formateurs et d'éducatrices que chaque kibboutz s'engageait à affecter à l'institut en les choisissant parmi ses membres les plus instruits et les plus qualifiés, en vue de former la génération future.

Selon la conception éducative des kibboutzim de l'HaChomer Hatzaïr, la jeunesse n'était pas une simple étape entre l'enfance et l'âge adulte, mais une période importante en soi. L'institut était censé donner aux jeunes une autonomie complète dans l'organisation démocratique de leur vie immédiate et la meilleure préparation possible à leur avenir de futurs membres d'un kibboutz du mouvement.

La vie quotidienne était gérée par les éducateurs qui enseignaient le matin, puis retournaient travailler dans leurs kibboutzim l'après-midi, et organisaient toute la vie sociale de l'institut le soir. Dans la forme, c'était la même vie qu'un kibboutz, avec ses commissions élues démocratiquement, responsables des soirées du vendredi, des fêtes, du cercle de théâtre, des chœurs, du bulletin, etc. En plus de ces tâches, les éducateurs faisaient de la formation à l'intérieur de l'institut, dans les nids-cellules, *ken*, de l'HaChomer Hatzaïr des villes voisines, et du volontariat dans les villes de développement, sortes de ZEP des environs. Chacun choisissait les disciplines qu'il souhaitait approfondir à côté des études et pouvait les étudier hors de l'institut : pratique musicale, danse, théâtre, sport, etc.

On les appelait "instituts éducatifs" par opposition aux écoles. Les enseignants étaient des "travailleurs" et des "éducateurs", pour insister sur le fait que l'enseignement n'était pas l'essentiel, qu'il était une partie du programme quotidien, à la fois pratique et idéologique. Il n'y avait ni notes finales ni examens de fin d'études. La motivation était censée venir de l'intérieur et ne pas être imposée de l'extérieur. La vie sociale et celle au sein du mouvement étaient aussi importantes que les études. Et au-dessus de tout trônait le sacro-saint travail. Après la journée de classe, nous travaillions trois ou quatre fois par semaine dans les champs ou les maisons d'enfants des kibboutzim.

Les idéologues du système voyaient dans les instituts éducatifs l'étape ultime de l'éducation et de la formation d'un futur membre de kibboutz. Nés au kibboutz, imprégnés de ses valeurs dès leur naissance, éduqués dans ces instituts, ces garçons et ces filles ne seraient pas pervertis par la famille et l'éducation bourgeoise, ils dirigeraient les kibboutzim, ainsi que les citadins venus des “nids” pour s’accomplir dans les kibboutzim, en vue d’un monde meilleur.

Durant son séjour à l’institut, l’enfant nouveau s’épanouirait en un homme nouveau, vivant au kibboutz, et participant pleinement à la vie de l’État. Ou, pour reprendre les termes de Shmouel Golan, théoricien de l’éducation collective de l’HaChomer Hatzaïr, faisant le portrait d’un jeune formé par l’institut éducatif :

Homme du kibboutz, de la communauté, combattant courageux, cultivé, sensible, actif dans le mouvement et le parti, doté d’une morale personnelle et d’une conscience collective et actif dans tous les domaines précités.

*

L’institut Oshrat accueillait des enfants venant de quatre kibboutzim de l’HaChomer Hatzaïr. Mais comme il n’y avait pas de naissances chaque année, une même classe d’âge ne comprenait pas toujours des enfants des quatre kibboutzim. Dans notre promotion, il n’y avait que des enfants de Yehi’am et de Shomrat. Le premier jour de la classe de cinquième, on nous a soudés les uns aux autres. Dans les classes au-dessus de nous, il y avait des groupes hétéroclites d’enfants de trois nouveaux kibboutzim que nous ne connaissions pas. Nous formions un groupe relativement petit de vingt-six enfants. Nous ne nous appelions plus Narcisse, mais Mouette. Filles et garçons, nous habitions ensemble, mêlés à ceux de Shomrat, quatre par chambre, chacun dans un coin.

Difficile de parler de l’institut selon un ordre logique. Nous avons oublié le commencement, l’enchaînement des événements, leur raison d'être. Soudain nous étions là-bas, avec la valise verte que chacun avait reçue à la fin de la sixième en vue de son départ. Elles nous servaient à apporter nos vêtements à la buanderie de Yehi'am et à rapporter le linge propre. Nous lavions nous-mêmes nos culottes et soutiens-gorges dans nos douches, du moins étions-nous censées le faire. Du fait de l'autonomie et de la démocratie des jeunes, nous faisions ce que nous voulions et ne faisions pas ce que nous ne voulions pas. Ainsi, nous ne prenions pas de douche tous les jours, ni faisions notre petite lessive quotidiennement, et c'est un euphémisme.

*

Lentement, graduellement, nous avions également cessé de rendre visite à nos parents. Nous allions travailler à Yehi'am, puis nous revenions directement à l'institut. Nous avions du mal à relier les deux mondes. Nous ne savions pas si c'était par nostalgie, ou parce que nous n'en ressentions plus aucune. Nous avions laissé la civilisation et les adultes derrière nous. Assis sur les gradins du terrain de basket-ball, nous lisions les lettres de nos parents biologiques apportées de Yehi'am par les éducateurs. Ils joignaient parfois un gâteau à leur lettre, et nous demandaient pourquoi nous ne venions pas.

Nous ne savions pas l'expliquer. La psychologie et la famille nous semblaient loin, comme des fictions, des histoires commençant par "Il était une fois". Cette idée ne se dissipait pas, elle restait fondamentale, comme un nombre premier. La vie là-bas, dans la verte Yehi'am, nous était devenue aussi étrangère que les visites chez nos parents, avec la part de gâteau servie sur une assiette en verre, que nous mangions avec une petite fourchette ou une petite cuillère, assis dans un fauteuil ou sur la banquette raide de la fabrique de meubles. À l'institut, nous avions basculé sur une autre rive de la culture, nous ne savions plus ce qu'était une cuillère, une assiette en verre, un fauteuil. À Yehi'am, nos parents nous demandaient de ne pas grignoter de graines de tournesol à la maison, si possible. Ils le demandaient poliment, ne nous l'imposaient pas. Ils disaient qu'en Hongrie, c'était la nourriture des oiseaux. Cela leur paraissait inesthétique. Mais nous étions déjà loin de toute esthétique, au cœur d'une culture sauvage. Comme si tous nos actes étaient faits de balles de graines de tournesol.

Notre institut était aride et nu. Sans couleurs ni végétation. Quand nous marchions sur les allées bétonnées, les bâtiments dans lesquels nous vivions étaient visibles de partout. On voyait aussi ceux qui étaient aux fenêtres. Il n'y avait pas de recoins. La cuisine était en inox, la vaisselle en plastique. Nous nous asseyions autour de grandes tables. Le vacarme ambiant était présent et oppressant comme l'air, comme le manque d'air. Nous mangions vite et si nous n'étions pas de service ce soir-là (pour préparer, servir ou débarrasser), nous disparaissions en cinq minutes. Parfois vers le bâtiment du conseil régional, hors de l'institut, pour voir des fleurs. Parfois nous allions la nuit au bord de la mer, à Nahariya ou à Akhziv.

Nous ne travaillions déjà plus dans les "chambres" et ne répandions plus de torrents d'eau sur le sol. Désormais, c'était le contraire. Nos chambres étaient en désordre, aucun vêtement n'était rangé dans les armoires. Pendant des saisons entières, nous portions des chaussons et mangions des toasts que nous faisions griller sur les poêles à pétrole de nos chambres.

Un beau jour, une des éducatrices a fini par dire "Ça suffit!", ça devenait dangereux, et elle a versé une vingtaine de seaux d'eau dans la chambre de mon frère Yaïr, de cinq ans mon aîné, et les a laissés, lui et ses trois copains de chambrée, écoper toute l'eau. "Pour une fois, vous nettoierez sans l'avoir voulu, a-t-elle crié, ça vous apprendra."

Mon frère et ses trois copains de chambrée sont allés en agro-mécanique et pendant douze heures d'affilée, ont construit un système de ponts montés au-dessus des eaux. Ils reliaient leur chambre du bout du couloir à leur classe et enjambaient l'espace bétonné et la grande pelouse situés entre le bâtiment des chambres et celui des classes. Les soirs, nous allions admirer cet ouvrage extraordinaire, illuminé par un jeu d'ampoules multicolores conçu et monté par une autre équipe, parallèle, de première année en physique et mathématiques. Une semaine plus tard, quand l'eau s'évapora, les ponts furent démontés. Et le bois fit une belle flambée.

*

"La jeunesse est un droit qui a le devoir à ses côtés", était-il écrit en grosses lettres de bois dans la salle à manger de l'institut. Nous ne savions pas quel droit et quel devoir.

Soudain, nous ne nous reconnaissions plus. Les choses se précipitaient vers nous, nous dépassaient. Garçons et filles, nous ne prenions plus notre douche ensemble. À partir de la cinquième, nous avions deux douches communes par classe : une pour les garçons et une pour les filles.

En ces jours-là, notre sueur était âcre et nos poils pubiens touffus et noirs. Notre corps changeait si vite que nous ne le reconnaissions plus. Les garçons nous connaissaient mieux, ils nous voyaient plus que nous-mêmes. Avant de nous déshabiller le soir et de nous habiller le matin, nous leur disions "Tournez-vous". Ils faisaient poliment un tour de 360 degrés sur eux-mêmes ou vers le mur, vers un système de miroirs dissimulé sous un lit.

Une dalle tombée soudain dans les douches des filles de la classe au-dessous avait révélé le pot aux roses : les garçons l'avaient descellée, avaient monté des charnières, la transformant ainsi en une porte par laquelle on pouvait se hisser au-dessus du plafond des filles, le seul construit en béton. Ils y avaient percé un trou, installé un coin café et deux aimants qui leur permettaient d'ouvrir et de fermer la porte.

*

Certains soirs de la semaine, nous faisions de l'animation, chantions dans le chœur, faisions du théâtre, ou nous allions en voiture à la mer, mais d'autres soirs nous n'avions envie de rien. Assis dans nos chambres, nous faisions griller des toasts sur les poêles à pétrole. Notre humeur avait des hauts et des bas imprévisibles. Comme si elle nous était extérieure, que nous vivions en elle et non l'inverse.

Une nouvelle créature, entre vacuité et angoisse, s'était collée à nous comme un épi à une chaussette, menaçante comme la morsure d'une scolopendre venimeuse. Nous n'avions plus peur des chacals et des terroristes mais soudain, que la vie n'ait pas de sens. C'est ce que nous redoutions. Et cette peur était devenue le cinquième compagnon de nos chambres. Un compagnon qui n'avait pas besoin de matelas mais occupait un autre volume, toujours présent. Et rien de ce qui était lié à l'HaChomer Hatzaïr ne nous apaisait.

On nous a envoyés chez Tamar Sandbar. Elle faisait partie d'une cellule citadine, éclairée, qui avait rejoint Shomrat et était composée de diplômés d'histoire, de psychologie, de théorie littéraire, de l'université de Tel-Aviv. Quatre d'entre eux venaient nous enseigner la littérature, l'histoire et la psychologie. Ils étaient plus jeunes que la majorité de nos enseignants qui avaient reçu une instruction à l'ancienne dans les capitales européennes.

Ceux-là avaient la vingtaine, ils aimaient discuter avec nous, debout sur les trottoirs. Parfois, ils donnaient l'impression de vouloir rester à l'institut après trois heures pour continuer à bavarder, ou participer à la préparation d'une soirée culturelle, écrire un article pour notre bulletin, ou peut-être même rester dormir.

Tamar n'était pas enseignante, mais une sorte de conseillère pédagogique. Elle avait son bureau dans les bâtiments à l'extrémité de l'institut, où se trouvaient aussi la bibliothèque et la salle de lecture. Sa fonction consistait à écouter et orienter les soucis, à décider s'il fallait nous adresser à un psychologue privé en ville, dans le quartier chic de Carmel ou à l'antenne des kibboutzim, à Oranim.

Chacun de nous séparément a eu un rendez-vous avec Tamar. Nous passions une demi-heure à vingt minutes dans son bureau, le temps que nous réussissions à tenir sans parler. Aucun mot ne sortait de notre bouche, nous fixions les murs, les yeux rivés sur un poster représentant Freud et sa barbe d'où, à force de regarder, émergeait soudain une femme nue, comme une allégorie de l'inconscient sexuel qui jaillit dans sa nudité et submerge les pensées recouvertes par la barbe qui dissimule le visage.

Nous avions tout le temps nécessaire pour méditer sur l'allégorie et la métaphore, le conscient et l'inconscient représentés sur le poster, pendant que nous restions assis là-bas, venus pour parler mais incapables de le faire. Nos yeux erraient sur tout ce qui était extérieur à nous et à Tamar. Nous nous accrochions à toute surface neutre qui n'incluait aucune des parties. Parfois, il nous semblait que ça y était, nous allions parler, que les mots grimpaient comme des fourmis le long de notre gorge. Nous savions qu'elle était de notre côté, que si nous parlions, elle nous comprendrait, mais aucun mot ne sortait.

Nous ne savions que dire. Nos pensées n'avaient pas une forme matérielle, ce n'étaient que des bouts de choses sans noms ni contours, lambeaux de ce compagnon muet mais si présent, qui habitait dans nos chambres, cette angoisse qui grimpait le long de la jambe, s'insinuait sous les explications rationnelles de l'HaChomer Hatzaïr. Quel est le sens de la vie, voulions-nous demander, et nous ne pouvions pas. Non pas parce que c'était interdit, c'était permis, mais parce que nous ne savions pas parler et que nous n'étions même pas sûrs que telle était la question. Nos pensées se désagrégeaient, sans sujet et sans objet.

Personne ne disait le moindre mot chez Tamar. Alors elle essaya de nous délier la langue. Elle avait toutes sortes d'astuces qui lui venaient de la grande ville. Un jour, elle nous dit : "Parlez à la chaise."

Cela provoqua en nous un mouvement de recul. Nous cessâmes même de jouer avec l'idée que nous étions sur le point de parler.

"Parle toi-même à la chaise", lui avons-nous suggéré ou crié, ou peut-être l'avons-nous seulement pensé avant de quitter aussitôt la pièce.

*

Nous avons continué de nous taire. Les cas jugés sérieux selon le système sont passés à l'étape suivante qui était l'"antenne de soins de l'enfant et de la famille" au séminaire d'Oranim ou, en abrégé, l'"Antenne".

Eyal y avait été envoyé parce qu'après être monté avec nous dans l'autocar jaune du conseil régional pour aller travailler à Yehi'am, il était resté au kibboutz avec les volontaires et n'avait pas voulu redescendre à l'institut. Parce que c'était trop moche, parce que tout le monde avait le même âge et que tout le monde était pareil. Il voulait une autre histoire et d'autres personnages. Mais ce n'était pas une possibilité. C'était interdit, comme les fuites de la maison d'enfants la nuit, pour aller chez les parents.

Et il y avait autre chose : son éducateur lui soupçonnait des tendances homosexuelles. Cela s'appelait "tendances", du moins quand on en parlait, comme s'il s'agissait d'une erreur de perspective, d'une déviation, d'un strabisme, qu'il fallait redresser et corriger. Une chose à réajuster et à remettre en place.

L'assistante sociale de l'Antenne avait essayé d'éradiquer le "mal". Elle lui avait dit qu'il pouvait fantasmer sur les hommes, mais que ses expériences sexuelles devaient se limiter aux femmes.

Trois ans plus tard, alors qu'Eyal nous racontait qu'il était homo, et que c'était la raison pour laquelle il avait préféré rester à Yehi'am avec les volontaires, il nous a dit que l'Antenne avait marqué une étape importante dans son histoire. Car c'était précisément là, lors des entretiens avec l'assistante sociale, qu'il avait mesuré l'écart existant entre elle et lui, un écart si grand, si profond, que s'il le réduisait (et il en était incapable), cela aurait signifié renoncer à l'amour, renoncer à lui-même. Puis il ajouta : "Je sortais de ces entretiens, au cours desquels elle essayait de me corriger, enivré de désir homosexuel. Tout ce qu'elle disait avec effroi et une froideur clinique déguisée en ouverture d'esprit « Ici, dans ce bureau, on peut parler de tout », les mots et les expressions comme « homosexualité », « fantasmer sur des hommes » se dilataient comme des bulles de savon multicolores et des bonbons. Mon imagination enflait comme une grande vague, et j'en sortais déchiré de nostalgie pour un avenir que je ne connaissais pas encore. Aussitôt après mes séances, j'allais au Jardin du Souvenir à Haïfa, pour tout expérimenter entre les buissons. De semaine en semaine, je sentais approcher l'amour que j'appelais de tous mes vœux comme une prière, et toutes les nuits je pleurais au son de la voix de Leonard Cohen."

Eyal fut envoyé dans un autre institut de l'HaChomer Hatzaïr. Plus loin. On espérait que de là-bas, il lui serait plus difficile de revenir à Yehi'am pour voir les volontaires, et peut-être ainsi se redresserait-il.

*

Chaque été aux grandes vacances, nous travaillions à Yehi'am. Nous habitions à l'extrémité du kibboutz, chaque classe dans son propre bâtiment. Nous redevenions alors Térébinthe, Narcisse et Anémone. Eyal faisait partie d'Anémone, la classe au-dessous de la nôtre, et il nous avait dit, à nous les filles de Narcisse, qu'il était homo. Il nous l'avait dit pendant une discussion où nous nous étions demandé si Leonard Cohen l'était ou non. Et nous n'étions pas sûres d'avoir compris qu'Eyal l'était, il dansait si bien, si librement, si différemment des autres. Nous ne savions pas s'il y avait un lien entre les deux et ce qu'il signifiait.

Nous expliquions les choses entre nous. Nous ne comprenions pas ce que nous nous expliquions. Les mêmes incompréhensions passaient de l'une à l'autre comme dans le jeu du téléphone auquel nous jouions dans notre enfance et qui consistait à murmurer à l'oreille du voisin de droite ce qu'avait dit le voisin de gauche et à comparer à la fin les deux phrases.

Eyal avait été clair et simple, il nous avait dit qu'il était homo. Mais nous n'étions pas sûres d'avoir compris. Non pas l'homosexualité, mais l'amour. Nous ne savions pas ce qu'était l'amour, nous n'étions pas sûres de savoir l'identifier. Si Netta aimait vraiment Micha. Elle disait qu'elle ne savait pas comment on le savait.

13

Nous travaillions, nous faisions de la musique, du théâtre, nous dansions, écrivions pour le bulletin, nous faisions de grandes promenades, et pourtant les journées à l'institut s'étiraient sans fin, sans limites. Elles commençaient tôt le matin, s'achevaient tard la nuit, sans que pour autant nous ayons étudié.

Les cours étaient coincés au milieu de la journée, ils ne nous convenaient pas, ils n'émanaient pas de notre désir comme l'espérait le système.

Margalit était notre éducatrice. Elle arrivait tous les matins avec la navette du "personnel travailleur" de Shomrat, longeait les trottoirs en béton, à découvert jusqu'à notre bâtiment, Mouette, et entrait dans les chambres.

En général, les éducatrices ne nous réveillaient pas en douceur, mais fortes de l'énergie qu'elles avaient accumulée pendant le trajet, elles faisaient irruption bruyamment dans nos chambres. Margalit parlait doucement, elle chuchotait presque, et ses pas avaient la légèreté d'un chat. Elle longeait le couloir de sa démarche aérienne, jetait un coup d'œil par l'entrebâillement des portes, s'assurait que nous étions bien vivants, que nous étions revenus sains et saufs de nos expéditions nocturnes dans l'institut et au dehors, et seulement alors elle passait un par un parmi nous pour nous dire bonjour.

Elle faisait partie des anciens Hongrois du kibboutz Shomrat. Pour elle, constater que nous étions "vivants" et "sains et saufs" passait avant le "Debout en vitesse, on y va". Elle a travaillé avec nous six heures par jour, du premier jour de la cinquième jusqu'au dernier jour de la terminale. Elle savait exactement qui se levait ou ne se levait pas et pour quel cours. Car de même qu'il y avait des classes de niveau 1 et 2, il y avait aussi les bas-fonds et les tréfonds de la paresse : ceux qui se levaient régulièrement pour le premier cours, ceux qui se levaient parfois, selon des règles particulières connues d'eux seuls et de l'éducatrice, ceux qui se levaient selon leur caprice et enfin, ceux qui ne se levaient pas du tout.

Margalit faisait semblant de ne pas s'en souvenir et essayait de réveiller tout le monde, tous les matins. Elle ne disait rien à ceux qui ne voulaient pas se lever, mais revenait à la charge pour le cours suivant.

Elle avait la curieuse habitude d'apporter des manteaux de Shomrat et de les accrocher au portemanteau central du couloir, comme si elle les avait oubliés par inadvertance. Elle ne nous parlait pas, car elle savait que nous ne dirions rien, mais elle ne nous a jamais tourné le dos, jamais fait la morale, jamais quittés un seul jour, sauf durant les six mois où elle a soudain disparu de nos vies. On a dit qu'elle avait une maladie de peau rare, que tout son corps était marqué. De boutons ? De pus ? De taches ? C'est ce que nous chuchotions entre nous à défaut de comprendre. Nous ne lui en avons jamais parlé, même le jour de son retour.

Elle ne nous demandait pas de lui rendre les manteaux, ils étaient là, insistait-elle, au cas où nous aurions froid (nous avions toujours froid). Elle allumait les poêles dans les douches avant de nous réveiller. “Les poêles sont allumés, disait-elle tous les matins d’hiver pendant six ans. Il fera peut-être un peu moins froid.”

*

Filles et garçons, nous attendions notre tour devant les toilettes et les deux douches, nous nous rincions les dents, les pieds dans des chaussons ou des sabots, nous préparions un Nescafé et nous allions en classe, à cinq mètres des chambres. Nos pieds traînaient par terre, nous nous traînions après eux. Nous étions à l’envers : notre ombre nous précédait dans le monde, nous clopinions derrière elle. Nous ne parvenions pas à nous concentrer sur nos études.

Tom, qui ne faisait pas partie de notre classe, avait écrit en grosses lettres sur le mur au-dessus de son lit “Le contraire”. Il veillait à ne jamais aller en classe, à ne pas créer de précédent qui risquait de l’inclure dans la liste implicite de ceux que l’éducatrice essayait encore de tirer du lit le matin.

Il disait qu’il devait bien exister autre chose, le contraire, ou une chose un peu différente, qu’il était impossible qu’il n’y ait que cela. Il le disait aussi quand nous marchions sur l’allée circulaire qui faisait le tour de l’institut sans paysage. Et quand il disait qu’il devait bien exister autre chose, il se couchait brusquement en plein chemin, en pleine phrase. Il s’effondrait comme si les mots et les idées étaient des balles qui l’atteignaient.

Elie Sagui admirait “Le contraire” de Tom. C’était aussi sa devise. Il disait : “Dire d’abord le contraire, puis faire une contre-proposition, un oui. Et sinon, s'en tenir au non. Commencer toujours par le non."

Il était notre professeur d'histoire, un Hongrois parmi les fondateurs du kibboutz Ga'aton, du noyau Premier Mai qui s'était divisé en plusieurs kibboutzim : Yehi'am, Ga'aton et Yas'ur. Une partie de nos parents et des membres de Ga'aton, situé à deux kilomètres de notre kibboutz, se connaissaient déjà depuis l'HaChomer Hatzaïr de Budapest. C'était comme si Buda et Pest étaient devenus Yehi'am et Ga'aton, et le Danube la rivière Ga'aton.

Elie Sagui avait adoré les ponts que mon frère et ses camarades avaient installés pour ne pas éponger l'eau de leur chambre et contourner la corvée. Il était leur éducateur. Quand on les surprit en train de fumer dans l'institut et qu'on leur infligea une semaine de renvoi, il se mit en colère. Il leur dit qu'au kibboutz, peu importe ce que l'on fait, l'important est ce que les gens croient qu'on fait. "S'il est écrit « Ne pas fumer dans l'enceinte de l'institut », fumez à un mètre de la clôture, mais de l'autre côté. Vous pouvez fumer une bite de cheval, avait-il insisté, mais l'important est de ne pas vous voir fumer à l'institut." Il disait que c'était stupide de se faire prendre pour une chose aussi élémentaire. Il adjurait les élèves de sa classe de ne pas être stupides et la seule idée de toutes les stupidités possibles lui inspirait des bordées d'injures.

Il disait que les injures en hongrois étaient particulièrement grossières et que c'était tout à l'honneur de la langue, parce que les injures doivent être bien senties. Il lançait nos livres scolaires contre le mur en proférant une litanie d'injures. Il jurait comme on égrène des lamentations, comme si son chapelet d'injures (chacune jaillissait de la précédente et faisait naître la suivante), vouait à l'anathème le vieux monde bourgeois, ou le pleurait, ce monde de toute façon dévasté pour tous les Hongrois venus de là-bas (nous ne connaissions rien de la vie antérieure de nos éducateurs, non seulement parce qu'adultes et enfants vivaient séparés, mais parce que Elie, comme notre éducatrice Nehama, venaient d'un autre kibboutz et que nous ne connaissions pas leur vie).

*

Les vendredis soir, nous organisions des soirées culturelles dans la salle à manger. Nous poussions les tables sur les côtés, nous disposions les chaises en rangs, et le spectacle nous entraînait. La commission culturelle de l'institut fixait le thème de la soirée (les membres des commissions changeaient, mais les thèmes restaient immuables : les saisons, les fêtes, etc.).

Le thème était donné à l'avance, ce qui présentait des avantages. Nous commencions toujours par refuser, pour des raisons externes et internes. Nous leur disions et nous nous disions : "Cette fois-ci, nous n'écrirons rien", ou "Cette fois-ci, nous ne ferons rien", ou encore "Quel sujet stupide". Puis à mesure que la date limite approchait, nous étions mal à l'aise, car tout le monde, un jour ou l'autre, devait faire partie d'une commission, alors nous finissions par nous y mettre, au début à contrecœur, puis de plus en plus absorbés par les répétitions. À la fin du spectacle, les chaises étaient entassées et repoussées sur le côté, et les "danses de salon", en opposition aux danses populaires, commençaient.

Avant les danses, pendant les représentations, Elie restait debout, fasciné, au fond de la salle à manger. Il aimait tout voir, tout entendre. Puis il venait nous faire part de ses critiques.

Au début de la classe de cinquième, nous autres, les Mouette, avons participé à notre premier spectacle au cours d'une soirée intitulée "Soir d'automne". Chaque classe avait écrit et représenté son spectacle. Le nôtre se composait d'un seul mot et durait deux secondes. Toutes les Mouette se sont alignées j'étais devant le microphone avec le visage grave de quelqu'un qui va parler de l'automne ou réciter un poème. J'ai dit "l'effeuillement", et tous sont tombés comme des feuilles mortes. Nous sommes descendus de l'estrade et Elie a bondi et rugi un "Bravo" depuis le fond de la salle. Il m'a alors proposé un marché : je n'irais plus en classe où de toute façon je n'écoutais rien, et en échange je lirais les livres que je voudrais, à condition qu'ils traitent d'histoire (la littérature et l'histoire sont d'ailleurs cousines, a-t-il dit. Le français utilise le même mot pour les deux : *histoire*). Nous nous sommes mis d'accord sur *Guerre et Paix*. Rester assis en classe peut démolir les gens pour la vie, a-t-il dit, alors que chaque page de ce livre enseigne à penser l'histoire avant même de l'ouvrir, rien qu'en méditant sur le titre.

Elie nous a appris l'art de négocier. Il disait "Ne faites pas ce qui ne vous plaît pas. Faites une contre-proposition." C'est ainsi que nous avons commercé plus tard, en ville. Ce que nous détestions, nous avons essayé de l'échanger contre d'autres choses.

Après avoir lu les livres au lieu d'aller en cours, nous partions faire un tour avec Elie sur les trottoirs de l'institut, nous parlions des livres et il nous donnait une nouvelle liste d'ouvrages en fonction de nos intérêts.

*

En général, nous ne décrochions pas vraiment des études, pas complètement, ni ostensiblement, mais nous chutions, glissions, lâchions prise, aussi bien pour l'écoute que pour l'assiduité. Même en essayant d'aller en classe, d'écouter, de suivre le fil du discours du professeur, de sauver les apparences, nous nous surprenions en train de planer. Les phrases des professeurs se défaisaient en l'air, le fil se brisait, et comme nous faisions autre chose et lisions ou écrivions des lettres, nos pensées n'avaient aucun rapport avec le cours.

Beaucoup de choses se passaient sur le trottoir. Le professeur de français m'a rattrapée sur le trottoir pour me dire que nous devions parler. Je craignais les entretiens en général, et les tête-à-tête en particulier. Je lui ai dit : "Ah, j'ai oublié de dire que j'arrêtais le français." "Parfait, a-t-il répondu, c'est exactement ce que je voulais te dire. *Au revoir*."

En guise de notes, nous avions des appréciations. Le professeur de physique n'en écrivait pas, mais à la fin de l'année il faisait pour chacun d'entre nous un petit dessin composé d'une tête et d'un derrière. Les uns avaient un petit derrière et une grosse tête, les autres l'inverse. Ce qui voulait dire "Peu assidu, mais intelligent" et inversement. Dans la classe de physique de niveau A, à effectif réduit, les garçons s'étaient inventé des surnoms pédagogiques qui rimaient avec leurs noms : Yehouda Rhéostat, Chaï Limaille, Gad Farad, Youval Sinusoïdal.

En fin d'année de seconde, comme je n'avais pas pu résoudre le problème de maths, j'ai écrit quelques lignes au professeur. Je lui ai dit qu'il ne pourrait sans doute pas comprendre, mais que je ne savais absolument rien. Du moins, à ce moment-là. Que peut-être, il y a une semaine, je savais mais qu'à présent, je ne me souvenais plus de rien. En rendant les devoirs, il m'avait répondu par écrit qu'il comprenait très bien, qu'il se souvenait de ce que signifiait avoir quinze ans, et bonne chance pour la prochaine fois.

Mais il n'y a pas eu de prochaine fois. Je ne pouvais plus écouter, ni résoudre les exercices. Avant d'abandonner complètement les mathématiques et la physique, j'ai essayé de stationner en bas, au niveau B. Cela a duré six mois, puis un an au niveau C qui était vraiment petit et sympathique. Notre professeur avait surnommé le niveau A "Galop d'essai", et le niveau B, "Niveau A", pour que personne ne se sente à la traîne.

*

Les formateurs et éducateurs essayaient de nous persuader de continuer à aller en cours, de ne pas renoncer. Nehama était à la fois notre éducatrice et notre professeur d'anglais et d'histoire de l'art. Nous apprenions avec elle tous les temps en anglais et tous les styles de colonnes du dorique au corinthien. Mais nous ne pouvions pas écouter ni faire nos devoirs. Pendant les cours d'éducation, elle nous parlait d'Erich Fromm, de Jorge Semprún, de la possibilité ou de l'impossibilité d'échapper à la liberté. Nous aimions les cours d'éducation, on y parlait de poésie, de littérature, comme s'ils avaient été brodés à notre intention et surtout, il ne fallait rien se rappeler pour la fois suivante. C'était l'avantage, parce que nous oubliions tout ce que nous apprenions. Nous ne pouvions pas nous concentrer.

Nehama venait de Ga'aton, elle était israélienne et plus jeune que Margalit et Elie, les Hongrois. Certains après-midi, le "personnel travailleur" avait du mal à partir. Ils étaient tracassés par ce que nous avions pu dire ou faire et parfois, ils craignaient qu'il nous arrive quelque chose. Il n'y avait pas encore de téléphones dans les kibboutzim (un seul téléphone central au secrétariat. À l'institut, celui-ci n'était ouvert que le matin).

Nehama, Elie, Margalit et les autres professeurs essayaient de nous convaincre de ne pas décrocher complètement, de garder un contact avec chaque matière, mais quand ils virent que notre décision était inébranlable, ils donnèrent leur accord et n'en reparlèrent plus. Ils savaient qu'après l'institut, notre première et dernière sortie serait l'armée, avant le retour au kibboutz. Cette liberté totale et absolue, qui s'étendait infiniment de la mer d'Akhziv jusqu'au ciel et à Haïfa, six années entières, s'achèverait d'un seul coup. Nous n'aurions plus le choix de nos études, car au kibboutz on vous envoie étudier les matières dont le kibboutz a besoin, et nous ne pourrions pas choisir notre lieu de travail, car au kibboutz on travaille là où l'on a besoin de travailleurs.

Nous n'avions pas encore pensé à ce que serait notre vie. Eux le savaient déjà.

Dans le bulletin de notre kibboutz (et des formulations semblables dans d'autres kibboutzim), on avait écrit au sujet de l'institut :

De nombreux membres du kibboutz prétendent que nos enfants étudient durant des années et quand ils finissent leurs études, ils n'ont pas de métier. Il est vrai que nous disons à nos enfants – la chose est explicitement dite à ceux qui, à la sortie de l'Institut, souhaitent acquérir un métier – c'est ainsi qu'ils seront plus utiles au kibboutz.

Car le seul et unique métier est d'être membre du kibboutz.

Et chacun – quand il sera membre de kibboutz – sera dirigé vers le travail qui sera exigé de lui ou vers celui auquel il aspire.

*

Les derniers adultes quittaient l'institut à trois heures de l'après-midi, avec l'autocar du conseil régional qui les conduisait vers l'est dans les montagnes, vers Ga'aton et Yehi'am, ou plus au sud, vers Shomrat.

Le soir, nous sortions emmitouflés dans les manteaux de Margalit, respirer un peu d'air, traîner un peu nos jambes, nous promener.

Toutes les deux semaines, il y avait une séance de cinéma à l'institut. Nous avons vu Godard et Bergman dans notre salle à manger. On repoussait de nouveau les tables sur les côtés, on disposait les chaises en rangs, et la salle à manger devenait une salle de cinéma. La projection des *Oiseaux* d'Hitchcock a été violemment interrompue à l'instant où l'écran se remplit d'oiseaux, quand de vrais oiseaux ont fait irruption et envahi la salle par la fenêtre. C'était un coup monté par les garçons de Palmier qui avaient deux ans de plus que nous. Ils avaient voulu voir si Nahum, qui souffrait d'une maladie de cœur et à qui on avait interdit les émotions fortes, tiendrait le choc. Il l'a tenu.

*

Les garçons de Bosquet, le groupe au-dessus de nous, ont proposé aux filles de chez nous d'être copains. En quatrième, toutes les quelques semaines, Tali venait voir l'une d'entre nous et lui chuchotait : "Tamir te propose d'être copains", ou : "Gil'ad te propose d'être copains, demain soir à huit heures, sois à l'arrêt du bus."

La station de bus se trouvait à côté de la salle à manger. L'autocar jaune venait nous y chercher pour nous emmener travailler dans les kibboutzim et nous ramenait au même point. C'était aussi le point d'où nous partions nous promener le long du circuit qui faisait le tour de l'institut de la manière la plus circulaire qui soit. C'est-à-dire, qu'il ne menait nulle part et nous ramenait exactement à notre point de départ.

Nous ne savions pas si les garçons de Bosquet nous proposaient vraiment d'être copains, ou si c'était une idée de Tali, elle-même de Bosquet. Ses fonctions d'entremetteuse étaient plus sociologiques que romantiques. Qui était censé être avec qui, qui conviendrait mieux à qui. Gil'ad et moi, nous ne savions pas qui avait fait la proposition et ce qu'elle énonçait. Mais nous n'en avons pas parlé. Nous nous sommes plutôt dit que nous n'étions pas attachés l'un à l'autre. Nous nous sommes rencontrés deux fois, puis nous sommes séparés facilement, comme deux participants à une expérience sociologique.

En revenant de la promenade sur l'allée circulaire, nous pensions être revenus à notre point de départ, ce qui était sympathique, la proposition de copinage et sa totale innocuité. Nous étions partis, revenus et il ne s'était rien passé. Mais plus tard la contemplation hébétée du plafond a changé, elle est devenue à la fois vide et consistante. Nous avions une seule pensée, puis lui succédait une deuxième, son contraire, les deux se heurtaient, tournoyaient comme une luge arrêtée par un obstacle : peut-être que je ne veux pas de lui, mais lui non plus ne veut pas de moi. Et s'il m'importe, peut-être que je le veux. Peut-être peut-être peut-être. Nous nous lancions avec arrogance sur l'itinéraire circulaire de l'amour, et nous en revenions comme alourdis par les années, combattants d'une guerre qui n'avait pas eu lieu, ne voulant plus que contempler inlassablement le plafond en pensant à ce qui fut. Et nous avions beau contempler et penser, nous restions au même point du circuit, devant la même question : Mais que s'est-il vraiment passé là-bas ? Comme si la réponse ne se cachait pas dans les faits, ni dans l'entourage, mais dans les replis d'une chose qui se dérobait.

*

Le soir, les éducatrices ne nous lisaient plus d'histoires, assises dans le couloir. Nous lisions Pinhas Sadeh, Hermann Hesse, Dostoïevski. Nous partions à l'aventure. Nous allions parfois en stop à Haïfa et à Akhziv et une fois, nous étions revenus au petit matin de Nahariya en charrette tirée par des chevaux, juste avant le cours, et avant que Margalit ne vienne nous réveiller. Nos mouvements étaient lents, bizarres, traînants. Nos cœurs battaient fort. Nos sautes d'humeur passaient sans cesse du chaud au froid et inversement.

L'habitude de saluer les adultes lorsque nous les croisions collait encore à notre peau.

À l'institut, nous disions bonsoir au gardien de nuit salarié qui faisait sa ronde sur les trottoirs. Il était le seul adulte présent pendant la nuit. Un soir où nous l'avons croisé sur une des allées bétonnées, sous une lune immense, nous lui avons dit bonsoir et soudain, sans qu'on lui ait rien demandé, il nous a raconté son histoire. Il nous a dit qu'il était gardien de nuit parce qu'il faisait des cauchemars et comme il ne pouvait pas dormir, il était devenu gardien de nuit. Il venait d'Argentine. Savions-nous ce qui se passait en Argentine ? nous a-t-il demandé. Non, nous ne savions pas, nous étions ignorants, occupés par nos petites histoires, nos pensées sur nos vies, le travail, les études, qui aime qui, nos sautes d'humeur dont nous ignorions la cause, comme si les saisons de l'année advenaient dans nos corps et se succédaient indifférenciées. Nous étions occupés par nos peurs, peut-être rien n'avait de sens, et par notre contemplation hébétée, vide et consistante du plafond.

"Là-bas, les gens disparaissent, ils sont enlevés dans les rues, a dit le gardien de nuit. Ils disparaissent, comme si la terre les avait engloutis. Apparemment, on les retient prisonniers dans des caves où ils sont torturés à mort." Il était évident que le fusil du gardien n'était dangereux que pour lui-même. "C'est horrible, avons-nous dit, on ne peut rien faire ?" "Rien" a-t-il dit, et brusquement il s'est mis à pleurer. Nous ne savions que dire. Nous lui avons dit bonne nuit. "Bonne nuit", a-t-il répondu. Et nous avons continué notre promenade.

14

Après le dîner et la corvée de nettoyage, une fois que les grands éviers étaient vidés de leur eau et de la vaisselle, nous atterrissions au cœur de la cuisine en inox pour nous faire des frites. Nous appelions cela “effraction à la cuisine”, parce que le soir, celle-ci était toujours fermée à clef.

Les traces que nous laissions sur les lieux du crime – des taches d’huile – nous trahissaient à chaque fois et de temps en temps, éducateurs et adultes nous tombaient dessus. Nous admettions la préparation de frites, mais nous gardions secret tout le reste : on ne nous a jamais surpris à la république autonome d’Akhziv où nous allions à partir de notre république autonome d’Oshrat, ni à Nahariya où nous nous rendions à pied, ni à Haïfa où nous allions en stop.

L’histoire de “l’effraction à la cuisine” fut sélectionnée par toutes les parties et préférée aux autres, aux motifs et mobiles plus flous. Elle ne comportait ni sexe, ni sang, ni violence, ni drogue ou alcool, ni conflits entre personnes et en fin de compte, ni bien ni mal. Une histoire neutre.

À l’étape suivante, on fit une enquête. On nous parla de confiance, de l’effraction qui trahit cette confiance et s’oppose à l’ouverture. Nous fîmes notre réponse. Les questions des éducateurs et nos réponses étaient polies, presque blasées.

Après l'enquête, les parents du kibboutz furent convoqués à l'institut pour un "entretien avec le directeur", une démarche qui était un rafistolage de bouts de coutumes bourgeoises et citadines qui ne se rattachaient en rien à notre monde, comme des rimes sans raison, isolées, sans fil conducteur, ni contexte. Les parents ne mettaient en général jamais les pieds à l'institut, sauf en des circonstances soigneusement préparées (comme la soirée de fin d'année).

Bien qu'elle fût prononcée à chaque fois après mûre réflexion et considération de toutes les circonstances du délit, la sentence était toujours la même : une semaine d'éloignement.

Durant cette semaine, nous travaillions à temps plein au kibboutz. Et comme c'était une punition, ce renvoi de l'institut était presque considéré par nous et nos camarades du kibboutz comme une marque de bravoure, et c'est à peine s'ils ne nous donnaient pas une claque sur l'épaule. Tout le monde savait que le travail était plus important que les études, que tout le reste.

*

Trois fois par semaine dans l'après-midi, nous montions à Yehi'am dans l'autobus jaune du conseil régional, pour travailler dans les champs ou dans les maisons d'enfants du kibboutz. Et quelques heures plus tard, le même autobus nous ramenait à l'institut (et reprenait en route les enfants de Ga'aton).

Durant les congés et les deux tiers des grandes vacances, nous habitions à Yehi'am, dans des bâtiments situés au bout du kibboutz, tout en haut de la colline, près de la forteresse et de la piscine. Nous étions trois par chambre et nous travaillions tous les matins (quarante jours sur soixante pendant les grandes vacances).

Le lever pour aller travailler était le contraire de celui pour aller en cours. Nous n'avions pas l'impression d'être en vacances, nous nous sentions obligés de nous lever, avant même la sonnerie du réveil. Nous nous levions, anxieux, responsables. La sonnerie du réveil s'insinuait dans nos rêves et les bouleversait. Nous rêvions d'abord que la sonnerie était une sirène d'alerte, puis que nous nous étions rendormis au lieu d'aller travailler, et alors, affolés, nous sautions du lit.

Tout endoloris à cause de l'heure matinale – quatre ou six heures du matin suivant les tâches et la saison – nous nous levions, nous habillions, descendions dans la salle à manger où nous buvions un thé pâle dans un gobelet en plastique, puis nous grimpions dans la camionnette, espérant ne jamais arriver, sachant que nous finirions par arriver, et espérant être déjà sur le chemin du retour.

Pour les garçons, qui y travaillaient régulièrement, les champs représentaient un univers complet, plein de responsabilités, de fierté, de rivalités, de vexations, de conduite du tracteur et d'utilisation d'un outillage varié. Chaque année, ils étaient affectés à des activités de plus en plus spécialisées et prestigieuses. Nous, les filles, nos tâches étaient claires et bien définies : nous travaillions dans les maisons d'enfants et ne descendions dans les champs qu'en certaines saisons, et selon les besoins en main-d'œuvre des diverses branches. Tout était connu d'avance.

Tout était calculé et mis en chiffres, les rangées, les sillons, les rendements de la cueillette, tout était mesuré, comme les poires que nous mesurions une à une pour vérifier si elles étaient assez grosses pour être cueillies, comme le seau ou le sac dans lesquels nous mettions les fruits avant d'aller les verser dans de grands conteneurs et de recommencer.

Bananes, oranges, poires, avocats. Les arbres, les fruits. Les seaux, les sacs, les récipients, les échelles, les grues automotrices, les couteaux. Monter, descendre, vider les paniers, les seaux et les sacs dans les conteneurs. Nous travaillions au rythme des saisons : arrosage, tuteurage, conditionnement. Cueillette, épierrage, élagage. Nous nous concentrions difficilement sur nos tâches, nous pensions au casse-croûte du matin qui arriverait bientôt, puis à la pause de dix heures, puis à celle de midi. Le temps passerait, il passait toujours. Ne penser qu'au fruit, qu'au sac. Les échelles et les grues automotrices escaladaient le ciel, les tracteurs passaient dans la boue, sur les sillons, sur les allées bétonnées et dans nos têtes, labourant nos pensées, l'air était limpide.

À mesure que le jour avançait, l'effort devenait plus pénible, concret, matériel, comme s'il se confondait avec le prix qui allait suivre ; la sueur du travail des champs avait un goût bien à elle, le goût profond et rassasié du casse-croûte matinal dans la cuisine des champs, la douceur de la récompense.

Et il y avait une meilleure récompense, plus estimée, la preuve objective, la satisfaction du travail bien fait. Une preuve telle que la donnait le compte rendu de notre travail, en le décrivant minutieusement noir sur blanc, et en comparant notre production à celle des adultes. Comme par exemple, cet article du bulletin du kibboutz sur les débuts de Rocher et de Bosquet, les deux premiers groupes d'enfants du kibboutz, dans le verger :

> Les jeunes de Rocher et de Bosquet sont venus participer à la cueillette des citrons pendant les vacances de Hanoukka en décembre. En trois jours, ils ont abattu l'équivalent de 9,6 jours de travail et ont récolté 140 caisses de citrons, un rendement honorable, au moins égal au rendement moyen d'un adulte.
>
> Le travail a été organisé sous forme d'une compétition entre filles et garçons, avec ordre et méthode. Ce résultat est de bon augure pour l'avenir lorsque nous aurons à faire appel à nos jeunes de l'institut pour les travaux de cueillette. [...] Cette brève expérience nous enseigne ce que nous savions déjà, à savoir la grande importance de l'attachement de nos jeunes aux travaux agricoles. La conclusion est très positive, non seulement d'un point de vue éducatif, mais surtout du point de vue collectif. Durant leurs longues heures de travail, les jeunes de Rocher ont montré leurs capacités qui pourront être utilisées pour d'autres tâches. Les travailleurs du verger les verront toujours avec grand plaisir se joindre à eux.

*

Mais la plupart du temps, nous, les filles, étions affectées aux maisons d'enfants.

Là-bas, il y avait de longs couloirs sans horizon ni saisons. On ne chantait pas les louanges des éducatrices dans le bulletin du kibboutz. On n'y célébrait pas les records de pliage de linge ou de cirage de chaussures.

Entre une heure et trois heures, nous aidions les éducatrices permanentes : nous cirions des rangées de chaussures d'enfant (une rangée de rouge, une rangée de marron), nous pliions le linge qui arrivait de la buanderie et le rangions dans les casiers situés dans la chambre de l'éducatrice. Mais la peur nous vrillait la nuque et le dos, elle venait du couloir. Peur de ne pas finir, que l'un des enfants se réveille et rompe notre rythme de travail. Nous voulions finir de répartir le linge et faire quelques nettoyages avant qu'ils ne se réveillent avec des douleurs, ou des problèmes, ou des envies inattendues que nous ne saurions pas satisfaire.

En sixième, nous étions encore nous-mêmes dans les maisons d'enfants, en cinquième, on fit de nous des aides éducatrices et en quatrième, nous devenions des éducatrices à part entière. Les femmes et les filles travaillaient toujours dans les maisons d'enfants où on avait toujours besoin de main-d'œuvre.

Les erreurs commises dans les maisons d'enfants n'étaient pas les mêmes que celles des débutants dans les autres travaux, aux champs, au tabac, au jardinage ou aux cuisines. Celles des maisons d'enfants s'accompagnaient d'une rengaine lancinante qui débutait avant le travail et se poursuivait après. Une rengaine menaçante comme la catastrophe qui s'était presque produite, ou qui aurait pu se produire.

Une fois, l'une de nous a mis par mégarde un enfant sous une douche bouillante, une autre fois on a oublié un enfant sur une fusée. C'était une grande fusée construite pour la fête des enfants, fête annexe à celle du kibboutz et aux autres fêtes. Fierté de la fête et de tous, elle avait une hauteur de quatre étages, un escalier en colimaçon qui conduisait d'étage en étage, chacun plus étroit que le précédent, jusqu'au sommet. L'enfant avait été oublié sur la plate-forme supérieure. Il avait trois ans.

Il avait été sauvé après avoir crié apparemment pendant un quart d'heure, quelqu'un qui passait par là l'avait entendu. C'était le premier jour d'une de nos camarades comme aide éducatrice avec ces enfants, et l'éducatrice appartenait à un noyau. Elles avaient emmené toutes deux les enfants à l'aire de jeux, à la balançoire, et à la fusée.

La mère du petit était venue le raconter à notre camarade pendant le dîner, calmement, sans lui faire de reproches ni la morale, comme s'il s'agissait d'un autre enfant, dans un autre kibboutz, et d'une autre aide éducatrice. Elle n'en a parlé avec aucun adulte, aucun comité, ni avec l'éducatrice permanente. Il n'y a pas eu d'enquête. Nous étions sauvées. Nous étions en quatrième. C'était la première semaine de notre camarade dans ce jardin d'enfants, le petit avait trois ans.

Nous en avions parlé dans l'autobus jaune qui nous ramenait à l'institut. Il nous semblait que nous aurions dû penser à tout ce qui pouvait se passer lorsqu'un grand groupe d'enfants nous était confié. Nous nous sommes dit que nous aurions dû les compter tout le temps et d'ailleurs un jour, chez nous à Narcisse, on avait oublié Izhar au bord de la mer à Akhziv. Et nous n'en avions pas tiré la leçon. Mais nous n'étions que des aides éducatrices, avons-nous remarqué pour nous apaiser, on ne peut pas tout apprendre en un seul jour. Mais cela ne nous a pas calmées. Nous revivions nos erreurs en pensée, comme les buts marqués ou ratés sur le terrain de football l'année d'avant avec les enfants. Nous voulions être parfaites, ne commettre aucune erreur et surtout pas une erreur aussi grave. On ne battait pas de records en travaillant dans les maisons d'enfants. C'était une morne plaine sans horizon.

*

Dans les champs, la salle à manger, à la cordonnerie, sur tous les lieux de travail, nous nous sentions tous indignes de cette vaste tâche : aussi bien les anciens qui avaient accumulé des centaines de jours de congé sans les prendre, que nous qui commencions à peine à travailler, les camarades des noyaux immergés dans le système et même les quelques volontaires qui adhéraient à l'idéologie. Le rendement n'avait pas de limites, car l'initiative pouvait toujours trouver de nouvelles choses à faire. Et même lorsqu'on avait achevé toutes les tâches habituelles, plié tout le linge, ciré toutes les chaussures, enveloppé tous les régimes de bananes, récolté tous les agrumes, on lançait continuellement de nouveaux projets, et ceux-ci achevés, on s'ingéniait sans cesse à augmenter et à améliorer l'efficacité du travail.

Nous étions nous aussi comme le travail qui n'avait ni début ni fin. Nous avions du mal à faire la distinction entre le travail et nous.

Nous avions peur de poser des questions sur le travail, de déranger, de ralentir le rythme des adultes, de freiner leur rendement, d'arrêter le système dans sa marche en avant.

Nous ne parvenions pas à satisfaire le système qui était apparemment muet et subtil. Il ne demandait rien pour lui-même, se souciait de l'autre, sans jamais rien exiger : "À chacun selon ses capacités". Mais qui connaît vraiment l'exacte mesure de ses capacités, elles sont sans fin et sans limites. Notre système n'a jamais été satisfait. Nous nous sentions coupables.

Le travail ne requérait pas seulement du zèle et un niveau de compétences dont certaines pouvaient être acquises, mais il était plus encore, un sens et une dimension supplémentaire de notre existence, un membre supplémentaire de notre corps. Il était à l'extérieur et en nous. À la fois au-dessus et autour de nous. Nous étions interchangeables, pas lui.

*

Toutes les activités de l'HaChomer Hatzaïr étaient identiques et synchrones. Nous tous, jeunes de l'HaChomer Hatzaïr et des instituts, nous déplacions d'un endroit à l'autre dans une coordination parfaite. Par exemple, lors des programmes d'échange en sixième, ou des excursions annuelles et des camps de vacances d'une semaine pendant les grandes vacances. Nous allions en camp au kibboutz Zikim, nous nagions dans leur piscine, sautions de leur plongeoir et dormions dans leurs lits, pendant qu'eux venaient chez nous, jouaient à l'épervier dans notre piscine, prenaient leurs repas autour de nos tables en Formica et dormaient dans nos lits. Les échanges se faisaient entre nous, à l'intérieur de notre planète, celle des kibboutzim du mouvement national de l'HaChomer Hatzaïr.

À l'âge de douze ans en classe de cinquième, en intégrant l'institut avec quatorze enfants de Shomrat et cent soixante jeunes venant de Ga'aton, Yehi'am, Evron et Shomrat – eux aussi issus du mouvement national de l'HaChomer Hatzaïr – nous avons découvert que tous avaient vécu la même enfance personnelle que la nôtre. Plus tard, lors d'excursions du mouvement et des séminaires à Givat Haviva[26], nous avons rencontré encore et encore des frères et sœurs issus du même rêve.

Plus notre monde semblait s'élargir, plus il rétrécissait, au point de finir par ressembler à un monde de miroirs en abîme. Notre vie privée se reflétait dans les rêves des autres, ceux de nos frères aînés, les gens de kibboutzim lointains dans le Néguev, la région de Sharon, partout en Israël. Tous se souvenaient personnellement de la garde de nuit qui n'arrivait pas ou arrivait au mauvais moment, alors tous faisaient semblant de dormir ; et du chant des pionniers *Allons, bâtissons la Galilée* ; et de la méthode d'apprentissage de la flûte *Roni la flûte I* ; et de la nuit blanche où l'on restait éveillé jusqu'au lever du jour ; et du mercredi où il était permis de ne pas faire la sieste de une à trois heures et où on pouvait jouer tout l'après-midi sur le terrain de jeux.

Comme si à chaque fois, les cartes étaient bien battues et rebattues et, par une improbable probabilité, redistribuées de façon identique entre nous tous.

C'est pourquoi les "semaines de découverte" nous paraissaient si magiques. Nous n'échangions plus nos places, mais nous voyagions. Et non seulement nous voyagions, mais nous arrivions dans des endroits différents des nôtres : un village arabe, un moshav religieux, un jeune kibboutz, Tel-Aviv.

Ces voyages étaient la source de débats incessants sur la place du travail comparée à la société et à la culture. Si bien que ces semaines prenaient des significations différentes suivant les instituts : semaine de découverte du *travail* en Israël, semaine de découverte de *la société* en Israël ou semaine de découverte de *la culture* en Israël.

Durant deux ou trois jours en seconde, quatre jours en première et une semaine en terminale, nous avons étudié, travaillé et vécu, exposés à une nouvelle forme de vie, nous avons vécu la vie des autres.

*

En seconde, tous les instituts de l'HaChomer Hatzaïr nous envoyaient (chaque institut séparément et sans savoir ce que faisaient les autres) dans un village arabe voisin. Nous sommes allés à Tamara pour deux jours.

Tamara n'était qu'à dix-neuf kilomètres de l'institut Oshrat à Evron, pourtant nous ne savions rien des jeunes de notre âge chez qui nous allions être reçus. Nous ne savions pas poser des questions, par quoi commencer, à partir de quand commencer : par la fin du XVIIIe siècle, date de la fondation du village d'après la tradition locale ? Ou par 1948 où de nombreux habitants expulsés des villages voisins étaient venus s'y installer ? Ou par 1956 où le village avait acquis le statut de municipalité rurale ? Malgré la "fraternité entre les peuples", inscrite partout chez nous, nous n'avions pas appris l'histoire des villages arabes voisins. Ils savaient bien plus de choses sur nous. Les parents de nos hôtes étaient ce qu'on appelait "Nos employés et amis". Certains d'entre eux travaillaient comme salariés dans nos kibboutzim, ceux de l'HaChomer Hatzaïr.

Le matin, nous allions avec eux dans leur immense école, si différente de la nôtre : les murs nus et écaillés, les classes froides et sans chauffage, les équipements cassés. Nous allions avec eux au cours de littérature et de géographie. En littérature, nous avons étudié Bialik avec eux, pour la première et dernière fois de notre vie, et en géographie nous avons appris la construction d'une ville portuaire et comment il était plus logique de l'adosser à un arrière-pays.

Le soir, on nous avait répartis, deux jeunes par famille, et nous étions allés chez eux ensemble à pied. Il y avait une télévision dans chaque maison, pas comme chez nous où il n'y en avait qu'une pour tout l'institut. Ce soir-là, il y avait l'émission comique *Lavage de cerveau*. Une crainte vague nous avait envahis, riraient-ils des mêmes choses que nous, ou bien notre embarras allait-il creuser un fossé entre nous, celui de notre ingratitude.

À la fin de la soirée, nos hôtes nous avaient demandé où nous voulions dormir et nous avaient donné le choix entre deux chambres, l'une où étaient posés tous les matelas et l'autre qui était vide. Hésitants, nous avions choisi la chambre vide en pensant que ce serait moins embarrassant, mais ils avaient transporté tous les matelas dans la pièce vide et étaient venus dormir avec nous.

Durant tout notre séjour, nous étions gênés, nos mouvements étaient gauches, les réponses à leurs questions se figeaient sur nos lèvres, nous avions l'impression d'avoir envahi une maison qui n'était pas la nôtre. Nous dormions avec une famille. Nous ne savions pas ce qui était le plus bizarre : la nourriture arabe, l'amoncellement de matelas, leur école, ou tout simplement le fait de vivre en famille.

Nous étions rentrés chez nous à l'institut, soulagés, et avions repris nos vagabondages, notre vie, leur maison vit dans notre souvenir avec ses moindres détails, comme une nouvelle brève, un décor de théâtre.

Une semaine après notre retour à l'institut, Netta avait reçu une lettre de Tamara. Quelqu'un lui avait écrit qu'il était tombé amoureux d'elle : "Je pense sans cesse à tes yeux bleus d'azur et à tes boucles d'or."

*

En première, une partie de notre promotion est allée dans des kibboutzim et des mochavim religieux, et une autre partie dans un "jeune" kibboutz, ce qui voulait dire en général un kibboutz différent ou expérimental.

Nous étions allés à Kerem Shalom[27], le kibboutz situé le plus à l'ouest d'Israël, près de la frontière égyptienne, à côté de Rafah. L'histoire de Kerem Shalom nous avait été contée par diverses instances comme une légende socialiste. On disait que ce kibboutz refusait tout compromis et ne s'était pas embourgeoisé. On disait qu'à Kerem Shalom on se baignait nus dans la piscine, qu'il s'y tenait des réunions de kibboutz spontanées, dès que quelqu'un était tourmenté par quelque chose, il sonnait la cloche, on laissait tomber son travail et on se réunissait. Les choses n'étaient pas figées par des règlements, rien n'était institutionnalisé, comme si vraiment tout recommençait depuis le début. On disait que c'étaient des idéologues qui manifestaient contre la stupidité des colonies juives dans la bande de Gaza et le Nord-Sinaï, qu'ils organisaient des pétitions et ne lâcheraient pas le morceau avant l'établissement d'une paix juste et durable dans la région.

Le kibboutz, sous sa forme expérimentale, avait été fondé à la fin des années 1960 par des jeunes du noyau "Guilat" (formé par les enfants de Tnuva[28]), premier noyau de jeunes issus d'un kibboutz et formés par un institut éducatif comme le nôtre. Au cours des premières années, un autre noyau de jeunes issus d'un kibboutz se joignit à eux, et les années suivantes deux noyaux de jeunes citadins qui ne faisaient pas partie de mouvements de jeunesse. Plus tard, ces deux noyaux – Shalom et Absalom – se sont distingués dans la société comme écrivains, producteurs de films, designers, personnalités culturelles, éditeurs, journalistes.

Nous avons vécu et travaillé pendant cinq jours à Kerem Shalom. Nous dormions tous ensemble dans la salle de sport, tout au bout du kibboutz. À notre arrivée, on nous a expliqué que nous ne venions pas à un bon moment, parce que le kibboutz était en plein bouleversement après le départ de membres importants, à la suite d'une nouvelle scission.

Mais ils nous ont tout de même envoyé quelqu'un le soir après le travail (en bleu de travail, bien entendu. Nos idéologues de toutes fractions, conservateurs ou expérimentaux, étaient toujours en bleu de travail) pour nous parler et nous expliquer comment tout avait commencé, puis on nous a emmenés assister à la réunion du kibboutz.

Nous n'avons pas vraiment réussi à sentir la légende de Kerem Shalom, mais nous étions sûrs qu'elle existait, heureux d'y être allés et d'être sortis de nos vies pendant une semaine. Nous avons raconté tout cela à ceux qui étaient allés dans un moshav religieux, et eux nous ont fait part de leur expérience.

Ils nous ont dit que leurs hôtes avaient été très chaleureux et amicaux, que c'étaient d'excellents joueurs de basket-ball et pas mauvais du tout en football. Ils avaient dormi chez eux, joué, étudié et travaillé deux jours dans les vergers avec eux, et célébré le shabbat avec eux. Le vendredi soir, l'atmosphère était particulière, ont-ils raconté. Des chants intenses, la prière et un grand repas savoureux. Le lendemain, ils avaient rencontré le rabbin.

Plusieurs de nos camarades étaient arrivés en retard à la rencontre. Ils ne s'étaient pas réveillés. Ils disaient que le rabbin avait l'art de tout ramener à ce qui pouvait servir son propos. En effet, les retardataires lui avaient inspiré deux préceptes sur le shabbat : le premier s'appliquait à ceux qui étaient arrivés à l'heure et s'étaient assis, alors que les retardataires avaient sonné à la porte. Entre sourire et effroi, le rabbin avait expliqué qu'il était interdit à ceux qui étaient assis comme à lui-même d'aller ouvrir la porte, car cela entraînait une série de profanations du shabbat.

Une fois les retardataires entrés dans la salle, on s'était aperçu qu'il n'y avait pas assez de chaises. Le rabbin avait alors expliqué que rien ne s'opposait à ce qu'ils retournent d'où ils étaient venus, et c'était assez loin, pour rapporter des chaises, même si cela ressemblait à un travail et de l'effort. Il n'y avait aucun rapport entre l'énergie physique dépensée qui n'était pas forcément une profanation du shabbat, et le travail qui en était une.

La nuit, ils avaient dormi par deux ou trois dans les maisons de leurs hôtes. Le rabbin et sa femme qui les hébergeaient aussi avaient bavardé chaque soir avec eux et leur avaient raconté plein d'histoires dont ils ne se souvenaient plus à présent. Par exemple, ils leur avaient parlé des merveilleuses nuits de *nidda*[29], d'abstinence, après lesquelles, chaque mois, l'épouse redevenait une belle mariée.

*

Mais le clou des semaines de découverte avait été pour nous tous, en terminale, notre séjour à Tel-Aviv. Nous étions allés voir et constater comment on travaillait dans la grande ville, comment les citadins capitalistes exploitaient les travailleurs dans les usines.

Nous avions logé à l'auberge de jeunesse Bnei Dan, près du Yarkon à Tel-Aviv, et avions travaillé pendant une semaine à Ramat Hahayal, qui était à l'époque la zone industrielle, dans une usine de filtres à air pour les voitures. Puis à l'usine de chauffages Shavit, qui appartenait à Boma Shavit, président de l'Union des industriels, et dans une usine de barbelés, fils de fer et vis.

Nous étions postés devant de vraies chaînes de fabrication, comme si nous avions été recrutés pour jouer dans *Les Temps modernes* de Charlie Chaplin.

Nous commencions notre travail très tôt le matin. Pour arriver à l'heure, nous devions prendre deux bus ou marcher jusqu'à une station éloignée. Tout en travaillant, nous harcelions de questions les ouvriers : Combien gagnaient-ils ? Avaient-ils droit à des pauses ? Pourquoi ne s'organisaient-ils pas pour améliorer leurs conditions de travail ? Nous y avons passé une semaine et nous sommes repartis. Eux y travaillaient depuis des dizaines d'années.

Chez nous, on chantait *"Nous ne connaissons ni taxes ni crédit, mais nous savons des fleurs le secret"*, alors peut-être pour ne pas nous compliquer la vie avec des problèmes de trésorerie ou de découvert bancaire, nous avions reçu par avance l'équivalent du salaire que nous étions censés avoir gagné (personne n'avait parlé de primes, d'heures supplémentaire, d'absences, d'heures de présence, etc.).

Nous travaillions quatre à six heures par jour, pour nous laisser la possibilité de rencontrer l'après-midi les ouvriers citadins, nos frères de lutte. Durant ces semaines de découverte, il n'y avait avec nous ni formateurs, ni éducatrices. Nous sortions tous les soirs faire la fête. L'argent n'était pas un problème, nous avions reçu le salaire minimum correspondant à un emploi à mi-temps, et comme nous n'avions pas besoin d'acheter de la nourriture et des vêtements, ni de payer un loyer, régler des factures, payer les intérêts de découverts bancaires, assurer l'éducation de nos enfants, tout notre argent passait en tickets de bus et en sorties.

Ce qui a eu pour conséquence qu'au lieu d'être convaincus par la justesse de notre cause et d'entraîner les ouvriers à notre suite, nous avons été entraînés par les plaisirs de la ville. Nous allions au cinéma, au spectacle, au salon de thé. Nous avons vu *La Chute*, de Camus, jouée par Niko Nitaï. Nous avons commandé du thé fumé. Nous riions tout le temps. Edith avait adopté une petite chienne qui traînait près des usines, nous l'avions appelée Tsipi. Le travail à l'usine était monotone, mais il nous arrivait toujours des choses imprévues en route, en autobus ou à l'auberge. Nous voyions la ville, nous rencontrions des inconnus. Tout était intéressant. Pendant une semaine, nous avons oublié la peur que la vie n'ait pas de sens. Nous étions occupés et nous riions toute la soirée. Nous voulions sortir, encore sortir.

*

Chaque été, à la fin de l'année à l'institut, nous nous séparions des enfants de Shomrat auxquels on nous avait soudés pour former le groupe Mouette. Nous quittions aussi ceux qui n'étaient pas de Yehi'am mais de Ga'aton et d'Evron, ceux des classes au-dessus et au-dessous, tous ceux que nous aimions, et ceux dont nous ne savions pas si nous étions amoureux ou non. Car les couples ne se formaient jamais à l'intérieur d'un même kibboutz, mais toujours entre filles et garçons venant de kibboutzim différents. Nous savions que nous serions séparés durant deux longs mois, mis à part quelques excursions et visites.

En juin, avant les grandes vacances, peut-être à cause de la séparation prochaine, nous traînions souvent ensemble. Nous achetions des pastèques et la nuit, nous allions au bord de la mer à Nahariya, pour nous baigner et bavarder.

Après la plage, nous rêvions que d'énormes vagues se reliaient au ciel, des phénomènes naturels se produisaient dans nos rêves et nous bouleversaient.

Pendant les pauses, nous restions allongées sur la pelouse à contempler la cime des arbres. L'herbe luisait, douce, haute et verdoyante. Nous pensions à tant de choses. Nous passions de la joie au désespoir, sans rapport avec ce qui nous arrivait. Nous parlions des garçons que nous aimions, ou de ceux qui peut-être nous attiraient. Nous ouvrions et fermions les yeux. Les rayons de soleil traversaient le feuillage, nous nous demandions si l'amour et l'attirance étaient la même chose. Haggit nous expliquait ce que signifiait sexy. Nous préférions penser que tout nous arrivait (y compris l'attirance), mais surtout pas l'amour, pour ne pas être dépendantes d'eux, des garçons, comme s'ils risquaient de nous entraîner à jamais attachées à leur traîneau. La dépendance de l'amour était douce comme l'amour, amère comme la dépendance. Nous balancions entre les deux, entre douceur et amertume comme sur des montagnes russes entre lesquelles se creusait un abîme – notre pelouse.

*

Shlomi est sorti de la classe pour venir nous chercher sur la pelouse et nous demander d'assister au cours de littérature ou de psychologie. Nous avons dit : "D'accord, nous arrivons dans un instant." Il est retourné en classe, nous avons continué à bavarder et nous avons oublié. Et après, il était trop tard et aller en cours n'avait plus de sens. Shlomi était de Shomrat et les filles de Shomrat nous disaient de venir les voir pendant les vacances, mais chaque année, les choses avaient leur propre rythme, leurs propres saisons et l'été venu, nous travaillions au kibboutz en oubliant l'année écoulée. Nous redevenions Narcisse, Anémone, Térébinthe et Chêne et vivions pendant deux mois notre vie à Yehi'am.

15

Chaque année en septembre, nous retournions à l'institut après deux mois de grandes vacances passées à travailler au kibboutz.

D'année en année, tout devenait plus fort. En seconde, c'était comme si nous étions brusquement passés de la rêverie à l'action, de l'immobilité au mouvement. Nous n'exagérions pas nos actes, les faits parlaient d'eux-mêmes. Nous nous heurtions au monde, il était là, bien présent, comme nous et nos actes.

Seul l'amour restait immatériel, mais visible partout : des couples se promenaient main dans la main, des filles allaient passer la nuit dans les kibboutzim avec des volontaires ou des camarades et revenaient furtivement le matin à l'institut. Des amoureux couchaient ensemble et retournaient dans leurs lits respectifs avant l'arrivée des éducatrices qui passaient de chambre en chambre pour le réveil matinal. D'autres longeaient le sentier qui faisait le tour de l'institut jusqu'au bassin de retenue ou couchaient ensemble dans les abris, sur des matelas minces ou sans matelas, ou dehors sur une couverture, ou ils se retrouvaient dans les chambres, dans les lits des autres qui parfois se trouvaient là ou non.

L'après-midi, les jours où nous ne travaillions pas, nous traînions dehors ou nous allongions sur la pelouse près du bâtiment de Mouette, ou nous nous installions sur les gradins du terrain de football, les yeux au loin, par-delà les garçons qui s'entraînaient sur le terrain, ou nous fixions le sol en traçant avec des brindilles des cercles imaginaires sur la terre et le béton.

"J'ai un retard de règles", disait l'une de nous avec angoisse, comme si les mots sortaient involontairement de sa bouche. Le souffle coupé, nous la regardions, nous nous inspections, incapables de savoir si cela arrivait à son corps ou au nôtre, que nous ayons déjà couché ou non. Comme si la seule panique avait le pouvoir de nous engrosser d'une chose inconnue. Que nous disait-elle, parlait-elle de nous ou d'elle-même ? Que devions-nous répondre ?

Les avortements étaient pratiqués par l'intermédiaire des kibboutzim et non de l'institut. À Yehi'am, ma mère était l'infirmière et les avortements se pratiquaient à Nahariya avec l'infirmière du kibboutz. Celles qui devaient en passer par là le faisaient. Une fois, deux fois, trois fois. On disait que ce n'était pas seulement une question de chance, qu'on pouvait faire quelque chose pour l'éviter. Mais cela était aussi une question de chance. Une fois, deux fois, trois fois.

Le matin pendant les pauses, nous parlions d'amour avec les filles, et parfois le soir avec les garçons. Nous pensions sans cesse à ce qu'était l'amour. Nous en parlions les yeux baissés ou tournés vers le ciel pour ne pas regarder notre interlocuteur en face. Nous croyions que nous ne laissions rien voir. Il n'y avait nulle part où se cacher. La lumière brillait toujours chez nous, celle du soleil le matin, ou celle des lampes le soir et la nuit, dans les chambres où nous vivions à quatre, chacune dans son coin et où quelqu'un lisait ou était occupé, avec la lumière allumée.

Quiconque ne voulait pas voir ni être vu se couvrait les yeux de ses mains.

*

Edith et moi, nous nous écrivions tout le temps. Pendant et après les cours. Pourtant nous étions sans cesse ensemble. Quand tout est devenu exagéré, plus intense, nous avons déménagé pour être dans la même chambre.

Nous avons déménagé dans la chambre contiguë à notre salle de cours. Un large espace bétonné séparait ces deux pièces de l'autre bâtiment qui comprenait les autres chambres, les deux salles de douche, une pour les garçons et une pour les filles et les deux toilettes communes pour tous. "Notre" chambre était toute petite. C'était en fait le bureau de l'éducatrice, on y stockait des rouleaux de papier toilette, du thé et du sucre pour le coin café juste à côté. On y organisait une fois l'an des discussions portant sur l'éducation, mais la plupart du temps elle était vide. C'est ce qui nous avait tentées. Nous l'avons rendue habitable et y avons emménagé. Il n'y avait aucun alinéa de règlement pour nous l'interdire, nous y sommes donc restées.

Par la suite, nous avons inauguré un salon de thé dans un des abris vides. Nous l'avons peint en bleu, puis Edith y a réalisé une grande fresque. À l'aide d'une lanterne magique, elle a projeté le dessin original sur un mur et pendant des jours, elle a dessiné les contours en blanc sur le mur bleu. Une grande collection de disques réunie par Ariel, le professeur de musique du kibboutz Beit HaEmek, était entreposée dans le bâtiment du conseil régional. Nous avons transporté la discothèque dans notre salon de thé, nous disant qu'Ariel serait peut-être content s'il apprenait où avaient disparu ses disques de musique classique. Nous avons préparé une carte de thés variés, puis nous avons annoncé l'ouverture du lieu. On y lisait, on y buvait du thé, on y écoutait les symphonies de Beethoven, nous y tenions parfois les réunions du bulletin de l'institut ou des activités culturelles. Notre salon de thé devint un des lieux d'errance comme tous les endroits qui n'étaient pas fermés à clef et restaient accessibles le soir, la salle de lecture, la salle de dessin, la salle de musique ainsi que les abris transformés en salles de répétition pour les musiciens et les chanteurs. Nous errions de lieu en lieu, cherchant le calme, cherchant le bruit. Tout le monde demandait : "Où sont les autres ?"

*

Edith et moi trouvions un symbole dans chaque chose, comme si notre regard s'était tellement ouvert qu'il voyait l'ombre des montagnes comme des montagnes ou des vallées. Nous préférions vivre les signes plutôt que le monde réel. Nous essayions d'éviter le monde, de le contourner et de le laisser de l'autre côté de la porte, d'éviter tout contact avec lui.

Edith étudiait le dessin, la musique et la danse. Je lisais, je jeûnais, je prononçais des vœux. Pour commencer, je n'ai pas mangé de viande pendant une semaine.

Puis j'ai essayé de ne pas manger du tout pendant plusieurs jours. Ensuite, j'ai fait une semaine de jeûne de la parole. Quand les professeurs s'adressaient à moi, je brandissais ma feuille d'explication.

Nous avions l'impression qu'en isolant les choses, nous les comprendrions peut-être ou les connaîtrions. Nous notions nos rêves, croyant qu'ils disaient le vrai. Nous cherchions la vérité comme un objet invisible dans l'obscurité.

Un matin, à la fin d'un jeûne, je me suis évanouie quand Margalit est venue nous réveiller. Elle a pris peur. Debout devant notre chambre, elle nous a expliqué le monde que nous tentions de fuir. Elle nous a dit que certains ne cessaient jamais, même après l'adolescence, d'observer le monde de l'extérieur et n'entraient jamais vraiment dans la vie : ils ne devenaient jamais adultes et restaient fixés au stade de l'adolescence, cet âge dont tout le monde sait quand il commence mais personne quand il finit.

Avec Edith, nos lits n'étaient distants que de deux mètres, et, en classe, trois mètres séparaient nos tables. Elle était assise en biais devant moi. Mais plus la distance physique entre nous s'amenuisait, plus longues devenaient les lettres que nous échangions.

*

Nous étions tous enfants du système et de son éducation. En général, nous commencions à être moniteurs (de l'HaChomer Hatzaïr, bien entendu) en seconde. Pour ma part, j'ai commencé en troisième, parce qu'il manquait des moniteurs dans le groupe Bosquet, au-dessus de nous, et je me suis retrouvée avec Rami qui était déjà en seconde.

Mis à part les activités hebdomadaires dans le "nid" de l'HaChomer Hatzaïr à Nahariya, Rami et moi encadrions des camps de vacances et des excursions. Le trajet à pied avec Rami jusqu'à Nahariya prolongeait un très long itinéraire, comme si nous l'avions commencé avant notre naissance, dans d'autres paysages.

Nos mères s'étaient connues à Budapest, elles avaient été amies là-bas et faisaient partie du même noyau Premier Mai de l'HaChomer Hatzaïr. Après la guerre, chacune était arrivée séparément sur les mêmes montagnes Sufiah en Galilée, ma mère à Yehi'am et la sienne à Ga'aton.

Les parents de Rami, lui et ses trois sœurs venaient nous rendre visite à Yehi'am et nous allions les voir à Ga'aton, à deux kilomètres de chez nous. Ses sœurs aînées avaient le même âge que mes grands frères et, à douze ans, ils s'étaient retrouvés dans les mêmes classes qu'eux à l'institut. Elles jouaient du violon et de l'alto, Rami du violoncelle, son père et sa jeune sœur jouaient également du violon, de sorte qu'ils pouvaient toujours former un quatuor.

Lorsque nous avons commencé à être moniteurs ensemble, nous avons découvert que nous avions emprunté les mêmes livres à la bibliothèque de l'institut. Elle était ouverte cinq jours par semaine et contenait des milliers d'ouvrages, des livres scolaires, de la littérature et de la philosophie. Les derniers numéros de la revue littéraire *Point d'exclamation* et les nouveaux livres publiés par la même maison d'édition. Ils se défaisaient à la première lecture, chez Rami ou chez moi. En plus de la bibliothèque de l'institut, nous pouvions emprunter des livres dans les bibliothèques des kibboutzim mieux fournies que la nôtre. Les fiches des livres nous renseignaient sur leurs précédents lecteurs.

Rami, Edith et moi aimions aussi aller au théâtre, au spectacle et assister aux concerts dans la grande salle d'Evron.

Nous n'avions pas besoin de nous déplacer. À l'époque, nous étions le centre du monde, tout le monde arrivait jusqu'à nous. Les artistes faisaient des tournées dans tous les kibboutzim, les commissions culturelles géraient de généreux budgets. L'auditorium d'Evron avait une excellente acoustique ; nous y avons vu aussi bien les chanteurs les plus renommés que des artistes peu connus qui devaient quelques années plus tard connaître la célébrité. Nous avons assisté à tous les concerts, vu toutes les pièces de théâtre et les spectacles de danse.

*

Après l'année de monitorat avec Rami, j'ai continué à lui parler dans ma tête. J'ai d'abord cru que c'était par habitude, c'est ainsi que nous discutions durant les excursions, les marches vers Nahariya et les camps de vacances. Puis je me suis dit que c'était à cause de l'amitié qui avait toujours existé entre nos deux familles.

Mais c'était autre chose qui ne me quittait pas. Comme si les anciennes habitudes m'avaient trahie et que je ne pouvais plus les retrouver.

Edith et moi nous nous écrivions et nous parlions aussi de Rami. Comme toujours, disions-nous, le premier aime le troisième et le deuxième aime le quatrième. Rami avait proposé à Edith d'être sa petite copine, en quatrième. Tali jouait alors les entremetteuses entre les filles de Mouette et les garçons de

Bosquet. Edith avait rencontré Rami et lui avait dit non. Et elle continuait à ne pas vouloir. Pour elle, tout cela était du passé.

*

Mais moi, captive de mes pensées autour de lui, je m'y perdais comme dans un grand labyrinthe, une ville secrète, un monde. Tout me le rappelait : les livres que nous empruntions à la bibliothèque, les spectacles où nous nous retrouvions ; Roméo et Juliette auraient pu s'appeler Ram et Yaël, comme dans l'ancienne traduction d'Itzhak Selkinshon, que tous deux nous avions empruntée à la bibliothèque. Nous aurions pu être voisins par-delà les deux kilomètres qui séparaient non seulement Yehi'am de Ga'aton mais aussi Buda et Pest, et nous aurions pu nous baigner dans le Danube au lieu du Ga'aton, comme ma mère, et peut-être la sienne.

La nuit, je rêvais de Rami. Des rêves simples, sans intrigue, sans déguisement. Des rêves à la douce mélodie dépourvue d'inquiétude, si évidents la nuit, mais incompréhensibles au matin.

Comme tout cela ne cessait pas, je lui ai écrit une lettre de onze pages. Je lui disais que je ne savais pas si je l'aimais, ou si je pensais simplement à lui, si je parlais en moi-même à lui ou à une figure imaginaire et irréelle (je pensais parfois à lui comme à un grand chat, parce que ses cheveux d'un blond presque blanc étaient doux, qu'il avait les yeux verts, qu'il marchait silencieusement à grands pas, comme s'il prenait appui sur l'air et non sur le sol, et ainsi arrivait toujours à l'improviste).

Rami a reçu ma lettre et est venu me voir pendant que nous débarrassions la vaisselle et l'entassions dans les grands éviers en inox. Nous avons fixé un rendez-vous à huit heures du soir à l'arrêt du bus. Le fameux arrêt qui était le point de départ et d'arrivée de nos périples circulaires autour de l'institut. Nous avons marché vers le bâtiment du conseil, où poussaient des fleurs et où la pelouse était verte et tendre. Rami a dit que je tournais en rond et que les choses étaient plus simples. "Les complications ne sont que dans ta tête, l'amour est simple, comme le savoir."

À la fin de mon premier cahier de rêves, j'ai parlé du personnage de Rami dont je rêvais tout le temps :

> Rami. Mon rapport à lui n'est pas très clair. Nous avons été moniteurs ensemble, et à un moment, j'étais sûre d'être amoureuse de lui. Je le pense encore parfois. Mais après lui avoir écrit et l'avoir revu, je ne sais plus trop. Zohar apparaît souvent dans mes rêves, et toujours avec Rami. Il me semble que le Zohar de mes rêves est ce que j'aurais voulu continuer à être, parce qu'il est de Mouette et de Yehi'am comme moi, et sa relation avec Rami est sans ambiguïté, ce sont deux garçons qui ont une bonne raison d'être ensemble car ils appartiennent au même groupe musical. Je pense que Zohar représente ma nostalgie de mes marches avec Rami, quand nous nous rencontrions sans cesse à cause du monitorat, sans chercher un prétexte ni essayer de savoir si c'était de l'amour ou de l'amitié. C'était simplement là.

*

Pendant tout ce temps, Rami était amoureux d'Edith. Il lui avait demandé deux fois de sortir avec lui, la première fois en quatrième et la deuxième fois, il était allé lui parler dans la salle de musique où elle jouait du piano. C'était quelques mois après avoir reçu ma longue lettre et après notre promenade sur le chemin qui longeait le bâtiment du conseil régional. Et en même temps, Edith et moi continuions à nous écrire longuement, comment le premier aimait le troisième et le deuxième le quatrième, etc.

À l'époque, tant de choses se passaient en quelques mois. Qui aimait n'aimait déjà plus, et qui n'aimait pas aimait. Mais entre Edith et Rami, rien n'avait changé durant ces deux ans.

J'étais malade et je me trouvais au kibboutz, car nous retournions toujours dans nos kibboutzim en cas de maladie ou de grossesse et nous ne revenions à l'institut qu'après guérison complète. Mais Edith et moi avons continué à nous écrire quotidiennement (le téléphone n'était pas encore installé dans les maisons des parents ; il n'y avait à Yehi'am qu'un seul poste téléphonique à la disposition des membres. On remettait le compteur à zéro après chaque appel, et le nombre de communications que chacun avait passées était noté au crayon ; ce n'était que pour avoir un suivi, ce n'était pas imputé sur le budget de chacun). Nos lettres nous étaient transmises par les professeurs et les éducateurs qui faisaient quotidiennement la navette entre Yehi'am et l'institut.

Edith m'écrivait :

Ce que je ressentais ce matin/ou : la nuit du 15… : ou : la chute.

Tu comprendras tout de suite à quoi font allusion tous ces termes et quand tu seras guérie, je te raconterai tout et j'espère que cela ne te rendra pas de nouveau malade. J'ai tout le temps l'impression que tu sais déjà ce qui s'est passé hier, et que je n'ai pas besoin de le raconter mais…

… Silence.

Rami m'a demandé hier d'être sa petite amie. Et de manière parfaitement égoïste. Il m'a dit comme ça "Je sais que ma situation ne peut pas être pas pire qu'en ce moment (le temps n'a pas fait son œuvre), et cela fait deux ans que je n'arrive à rien". Et il me demande "d'être sa petite amie", peu importe où cela mènera, pourvu que cela mène quelque part.

Il a essayé de se relever, mais il est retombé, il lui manque l'espoir. Il se considère comme un autre homme après ces deux ans, y compris dans sa relation à mon égard. Il veut me connaître, et savoir d'où souffle le vent… il dit que l'effort qu'il me demande est le mien (Edith), mais il le demande parce qu'il pense que c'est son dernier recours. Il n'a pas pensé un seul instant à un "non", et a dit ne même pas l'envisager, mais pendant tout ce temps il savait pour Micah.

Bon, voilà en gros ce qui m'est resté de ce qu'il m'a dit lors de notre rencontre, mais je te raconterai aussi ce que je lui ai répondu.

J'espère que tu n'es pas en colère… il est intelligent, etc. mais pas pour moi.

Je lui ai gentiment expliqué (aussi gentiment que possible), que je n'éprouvais aucun sentiment à son égard et que si je cédais, ce serait seulement par pitié et non parce que j'éprouve quelque chose. Cela irait à l'encontre de mes vrais sentiments et pour moi, l'effort n'en valait pas la peine. Car que signifie une relation ? C'est faire des choses avec quelqu'un, et non pour quelqu'un (je sens que tout cela commence vraiment à m'agacer).

Il n'arrêtait pas de me dire réfléchis, réfléchis…

Qu'y a-t-il tant à réfléchir, si ce n'est à la façon de lui dire non ? Je lui ai expliqué très clairement ma position. Je lui ai dit que j'avais quelqu'un d'autre dans mon cœur, que celui-ci existe ou non n'y changeait rien, car ce n'était pas lui (Rami). Il y a beaucoup de choses dont je ne me souviens pas. J'étais assise là-bas comme une prisonnière, lui parler ne me faisait pas de bien, c'était triste de penser que le premier aime le troisième et le deuxième le quatrième…

En partant, j'ai décidé que je n'étais pas d'accord avec tout ce qui venait de se passer !!! Je sais que je ne ferai rien qui aille à l'encontre de mes vrais sentiments, par pitié ou devoir.

Tout ce qui est en moi, tout ce qui est à moi, je le garde pour l'homme envers lequel j'aurai un sentiment, ou tout simplement pour celui que je serai sûre de désirer…

Yaël, pense un peu à tout cela, et peu importe si tu n'as ici que ma vision des choses. Souviens-toi toujours qu'Edith n'aime absolument pas Rami.

Bon, assez avec tout ça, j'en ai assez de lui et de tous ces bla-bla.

C'était agréable dans la chambre. Dommage que tu ne sois pas venue hier, parce que j'avais apporté du chocolat à boire Popeye. Pourquoi quelqu'un qui ne m'intéresse absolument pas s'intéresse-t-il à moi, et inversement ?

Edith

PS : Guéris vite, très vite.

*

En juin, avant les grandes vacances entre la seconde et la première, avant de nous quitter pour regagner respectivement Yehi'am et Shomrat, nous partions en balade. Nous allions la nuit au bord de la mer à Nahariya et en chemin, nous achetions des pastèques.

Nous parlions du poème *Séparation* de Gabriel Preil, que Shlomi nous avait rapporté du département d'histoire de la littérature à Tel-Aviv. Edith aimait peindre en s'inspirant de poèmes, mais sans les illustrer. Elle faisait autre chose. Elle avait fait une esquisse d'une nouvelle peinture qu'elle avait appelée esquisse noire. La peinture s'appelait *Séparation*, comme le poème.

Elle est assise devant moi
Les yeux brunis par le café
Tourmentée par moi
Alors j'ai essayé de lui raconter
Toutes les verdoyances que j'avais apprises
Mais elle ne les a pas entendues
Renfermée
Étrangère
Ou bien elle marchait le long d'une rue
Qui refusait de rejoindre
Une autre rue.

Mais je sais que ses yeux un instant ont verdi
Comme une image de jardin implorant la pluie.
Comme si disparaissait la sécheresse
Des brunes vallées
Et que des astres immenses

Veillaient sur les routes
Sur cette menue sérénité :
Elle ne m'atteindra pas.

Nous avons répété pour les spectacles de fin d'année et lors d'une de ces nuits, j'ai noté dans mon cahier de rêves :

> J'ai rêvé qu'on disait d'Edith qu'elle était tout le temps dans la chambre de Rami et que je lui avais demandé : si Rami te proposait maintenant d'être sa petite amie, accepterais-tu ? Et elle a ri et a dit : Pourquoi pas ?

J'inscrivais sous chaque rêve des événements réels qui s'y rapportaient et je l'appelais "la rubrique de Joseph", par allusion au Joseph de la Bible. Sous ce rêve, j'avais écrit :

> Aujourd'hui, alors que nous étions en train de bavarder, Edith et moi, Esti est passée devant nous dans l'allée, en disant qu'elle allait répéter dans la chambre de Rami. J'ai brusquement senti, sans pouvoir me l'expliquer, un changement chez Edith, comme si elle venait de se tourner intérieurement vers Rami et je me suis sentie terriblement mal, comme si le sol se dérobait sous mes pieds.
>
> C'est pourquoi ce rêve est exactement ce que je ressens, quand Edith a répondu : Pourquoi pas ? J'espère qu'il n'est pas prémonitoire.

*

Edith avait toujours dessiné mais cet été-là à l'institut, avant de nous quitter pour retourner l'une à

Yehi'am et l'autre à Shomrat, sa peinture a commencé à devenir parlante, à sortir de la feuille de papier et à déborder dans la chambre. Puis les allégories et les symboles se sont reliés entre eux, comme si son amour pour Rami n'était qu'un maillon d'une longue chaîne qui la dépassait, elle, Rami et nous tous.

Edith et moi nous écrivions sans cesse, nous étions tout le temps ensemble, mais il est difficile de savoir à quel moment exactement les choses sont arrivées, quand les actes ont succédé aux paroles. Brusquement, elle est devenue peintre. C'est arrivé. Et en parallèle, Rami et Edith sont devenus un couple.

16

L'appartement communautaire de l'HaChomer Hatzaïr, au 6 de la rue Havatselet a été notre première adresse en ville. Elle n'était pas destinée à marquer le début de notre vie citadine, mais à être une étape de notre vie au kibboutz.

En vertu d'un accord passé entre l'HaChomer Hatzaïr et l'armée, celle-ci pouvait accorder un sursis d'un an après la terminale, à cent vingt jeunes issus de ses kibboutzim, pour faire du volontariat dans différentes villes du pays. On pouvait aussi étudier l'arabe à Givat Haviva. À l'époque, il fallait être doué et curieux pour étudier sérieusement l'arabe durant toute une année. Nous n'avions pas le baccalauréat et nous n'avions pratiquement rien appris à l'institut.

Pendant cette période entre la terminale et l'armée, nous étions moniteurs dans les cellules ou "nids" urbains de l'HaChomer Hatzaïr et nous étions censés attirer de nouveaux candidats au kibboutz. On tirait au sort pour savoir qui irait dans quelle ville et avec qui. Et chacun de nous désignait deux villes de son choix. J'avais demandé Jérusalem ou Tel-Aviv, j'ai obtenu avec soulagement Ramat Gan dans la banlieue est de Tel-Aviv. Car les affectations étaient attribuées de façon mystérieuse par une commission qui tenait compte des souhaits exprimés, des besoins affichés, et d'autres considérations égalitaires, de sorte que nous étions habitués à penser que cela aurait toujours pu être pire.

Boaz, Guil et moi avions été affectés au "nid" de Ramat Gan. Guil était le plus âgé de nous trois, il avait vingt-cinq ans, avait été officier dans une unité combattante et excellent travailleur dans les bananeraies de son kibboutz avant d'être envoyé comme formateur au "nid" de Ramat Gan. Notre mouvement redoutait comme la peste tout ce qui pouvait rappeler l'installation ou l'immobilisme, et son vocabulaire était émaillé de mots évoquant l'action : il était actif de par son nom même, "mouvement", et ceux qui y travaillaient en vertu de la rotation se nommaient "actifs" et "émissaires". Toutes nos expressions disaient l'avenir : impulsion, action, émissaire, alors que nous ne faisions que piétiner sur place.

*

C'est durant cette année-là, après la terminale, que nous sommes sortis pour la première fois de notre groupe de naissance à Yehi'am et de celui auquel on nous avait soudés à l'institut du kibboutz Shomrat.

Jusqu'à l'âge de dix-huit ans, nous avions toujours vécu ensemble, pendant les études, au travail, en groupe, et dans le mouvement. Dans les kibboutzim de l'HaChomer Hatzaïr, l'éducation au socialisme commençait dès la naissance, elle n'était pas imposée d'en haut par les adultes, pour éviter de recréer la relation de domination parents enfants et d'aller à l'encontre de l'égalité désirée. Tout se passait au sein d'une même classe d'âge, sans parents, sans frères et sœurs aînés ou cadets, sans hiérarchie. Cela s'appelait "un groupe d'égaux".

Le groupe était le temps et l'espace absolus : vingt-quatre heures sur vingt-quatre, du lever au coucher, de la crèche à la terminale.

Le groupe n'était pas la classe et le but n'était pas l'apprentissage scolaire. La classe et les études n'étaient qu'une partie des moyens. Le sport, la musique, les excursions, le scoutisme, le travail étaient les moyens supplémentaires utilisés pour que chacun puisse exprimer sa créativité et en même temps, pour réaliser concrètement le socialisme. Chacun devait aider l'autre dans le domaine où il était moins bon.

Excursion à bicyclette.

Le but n'était pas de façonner des individus identiques, mais d'assurer une égalité des chances permettant à chacun de donner le meilleur de lui-même à l'intérieur du groupe.

*

Notre communauté habitait une maison d'un étage, entourée de part et d'autre de maisons semblables. Elle était poussiéreuse et pleine de vieilleries, mais nous ne l'avons ni décorée ni embellie, elle nous semblait trop grande, pas à notre taille.

Nous nous entendions bien tous les trois. Depuis le début, nous avions appris à tenir compte des autres au sein d'un groupe d'égaux. Désormais nous étions un groupe de trois, bien logé, avec une chambre pour chacun.

À Ramat Gan, il y avait un petit "nid" de l'HaChomer qui se réunissait au sein d'une vaste tribu de scouts. Il n'y avait qu'un seul groupe par classe d'âge, uniquement quand les moniteurs parvenaient à former un groupe. Parfois, ils se désintégraient rapidement, en quelques semaines ou quelques jours. De rares jeunes choisissaient l'HaChomer et y restaient plusieurs années d'affilée. D'autres venaient par hasard, en passant, pour voir ce que c'était.

Nous avons suivi des séminaires de formation organisés par le mouvement. On y apprenait à présenter adroitement nos idées aux jeunes de la ville, de façon à ce qu'ils n'aient pas l'impression de recevoir un cours magistral imposé "d'en haut". Il fallait mettre en place des activités permettant de mettre concrètement en évidence, en miniature, les valeurs de travail collectif et d'entraide de l'HaChomer Hatzaïr. C'est ce qu'on appelait "associer le message à l'action". Izhar Ben Nahum, du kibboutz Beit Zera, illustrait ce point de la façon suivante :

> Si, par exemple, vous animez un “nid” à Tel-Aviv, vous pouvez aller au bord du Yarkon et commencer à parler des pêcheurs, de leur métier, vous demander pourquoi les gens ont choisi ce métier et pas un autre ; et à partir de là, vous pouvez passer à un débat plus social, sur la répartition des métiers, les riches et les pauvres, et ce que signifie la propriété des moyens de production ; vous pouvez prendre l’exemple d’un homme comme vous et moi, qui pêche dans le Yarkon et mange les poissons qu’il attrape, et qui, un beau matin, voit en arrivant à la rivière une clôture qui en barre l’accès parce qu’un propriétaire immobilier a acheté le Yarkon et lui dit : “Désormais, si tu veux pêcher, tu dois me payer.” Et il l’embauche comme pêcheur salarié. Et le pêcheur doit travailler très dur, pêcher toute la journée pour ne recevoir que quelques sous. Tout le bénéfice tiré de la vente du poisson va au propriétaire qui a acheté le Yarkon. On peut ainsi expliquer aux jeunes la notion de propriété des moyens de production, et de là on arrive facilement et avec plaisir à Marx, en étant parti du simple vers le complexe, en ayant emmené les jeunes pêcher au bord du Yarkon.

*

Guil et Boaz avaient établi notre emploi du temps ; il donnait une impression de sérieux et d’efficacité : de sept heures à huit heures trente, petit-déjeuner et ménage dans l’appartement ; de dix heures à onze heures, se rendre au lycée Blich de Ramat Gan pour y recruter de nouveaux adhérents, puis aller à la mairie pour obtenir des permis de construire du “nid”, ensuite préparation de nos actions pour le soir même et ainsi de suite.

Nous faisions nos courses communautaires à l'épicerie voisine à crédit. Ceux qui nous avaient précédés nous avaient recommandé de ne pas oublier de vérifier la facture mensuelle avant de la régler. Les jeunes du mouvement venaient nous voir dans notre "communauté" pour nous parler de leurs difficultés scolaires, de leurs problèmes sentimentaux, ou tout simplement pour passer le temps. Ils disaient aimer nos activités, même si tout ce que nous leur racontions ne les intéressait pas. Nous allions chez eux pour persuader leurs parents de les laisser partir en excursion avec nous.

Chez nous, on pensait que les sorties dans la nature étaient plus pédagogiques que des années d'études quotidiennes. Les excursions révélaient des mondes et des rapports différents de ceux que l'on tisse à l'école, au travail ou pendant les soirées. Certains aidaient ceux qui avaient du mal à traverser une rivière, d'autres faisaient cuire de la soupe sur le feu de bois, d'autres ramassaient le bois pour le feu. Le moniteur vivait vingt-quatre heures sur vingt-quatre avec les jeunes, mangeait avec eux et dormait par terre comme eux dans son sac de couchage.

Dans les séminaires consacrés au scoutisme et à la préparation de randonnées, Yonathan Ben Nahum, le frère d'Izhar Ben Nahum du kibboutz Beit Zera, nous enseignait à construire un abri pour la nuit entre les buissons, à préparer une nourriture saine et riche en calories. Nous avions aussi appris que la nuit, lorsqu'on avait du mal à distinguer les objets et qu'il y avait moins de bruits ambiants, il fallait affiner et utiliser au mieux son ouïe pour se sentir à l'aise et en sécurité dans l'obscurité.

Nous avions l'habitude, dès le CE2, de partir en excursion une journée avec notre institutrice Rivka, au lieu d'aller en classe.

Parfois, Eliezer A. nous accompagnait pour approfondir notre connaissance de la nature, affiner notre observation des fleurs et des plantes, savoir distinguer entre le calicotom velu et les épineux, faire la différence entre les bolets et les champignons vénéneux. Rivka disait que nous grimpions comme des chamois, et Eliezer ajoutait que nous étions des enfants de la montagne, et qu'il ne fallait pas pleurnicher en marchant dans les ronces et les buissons, parce que les enfants des montagnes ne pleurent jamais.

Aux randonnées de l'institut, Haggit et moi étions toujours mortes de peur. Toutes les nuits, nous rêvions que nous planions au-dessus de précipices que les garçons nous avaient fait traverser la veille, en passant de rocher en rocher. Dans le rêve, les cailloux roulaient sous nos pieds et nous tombions en une chute interminable. Pendant l'excursion, nous attendions d'en voir la fin. Dans notre sommeil, nous voulions nous réveiller. Mais ce va-et-vient entre le cauchemar et l'impression de planer que nous ressentions après la marche, après que les difficultés avaient été vaincues, nous enivrait et nous donnait l'impression de toucher le ciel et les étoiles et de respirer la terre. Les étoiles illuminaient notre sac de couchage et nous adorions les feux de camp. Nous passions d'une sensation extrême à l'autre, comme de la chaleur du désert au froid des glaciers.

À la maison, après les randonnées, des instants particuliers nous remontaient mystérieusement à la mémoire. Parfois, ce qui avait été difficile, effrayant, insupportable, se transformait en autre chose, comme si nous nous rappelions le sauvetage plus que l'instant lui-même ; et parfois au seul souvenir d'un énorme rocher qui nous avait barré la route, nous avions encore plus peur à la maison. Les randonnées ne ressemblaient à rien d'autre, tant par les difficultés affrontées que par la richesse imprévisible de la nature qui nous surprenait, se déversait sur nous des arbres, des buissons, des broussailles, de la terre, de nous-mêmes. Des souvenirs de randonnées faisaient brusquement irruption dans notre vie bien ordonnée, sur les trottoirs, longtemps après notre retour, comme des fragments de rêves ou d'une autre vie.

*

Nous apportions notre linge sale au kibboutz toutes les deux semaines, le dimanche, en allant y travailler pour deux jours, et nous rapportions à l'institut du linge propre, des avocats et du papier toilette. De temps en temps, le père de Boaz nous apportait des caisses de nourriture lorsqu'il venait à Tel-Aviv avec la voiture des actifs qu'il avait le droit d'utiliser.

Une, deux ou trois fois par semaine, Boaz et moi, nous prenions le bus 61 pour Tel-Aviv. Nous y retrouvions les moniteurs affectés au “nid” de la partie chic, au nord de Tel-Aviv. Nous achetions des livres, allions au cinéma et voir des expositions dans des galeries. Nous étions immergés dans la ville, entourés de citadins. Nous déambulions comme des touristes dans notre monde, dans cette zone neutre entre la ville et le kibboutz qui nous avait été en quelque sorte allouée pour une année.

Des régions entières nous séparaient, Boaz, Guil et moi. Boaz venait du Néguev, Guil de la vallée du Jourdain et moi de la Galilée occidentale. Mais Boaz et moi avions déjà fait connaissance avant cette année prémilitaire à Ramat Gan. Nous rencontrions les jeunes des autres instituts, qui nous ressemblaient beaucoup, au cours de randonnées des grandes vacances et surtout aux séminaires de réflexion de Givat Haviva.

Boaz et moi avions fait connaissance en terminale, lors d'un séminaire à Givat Haviva sur le sionisme et le judaïsme. Au fil des années, les sujets des séminaires se ressemblaient, les conférenciers étaient les mêmes, seuls les auditeurs changeaient. Nous avions participé à des discussions de groupe sur le sionisme, l'identité israélienne et le judaïsme, sur la signification d'être juif à notre époque, et aussi sur ce qu'on appelait les questions politiques actuelles : nous avions écouté Gershon Shafat, du Bloc de la Foi[30], nous exposer la position politique de son mouvement et Meir Pa'il[31], nous expliquer les différentes conceptions sécuritaires en Israël et les termes d'un compromis territorial fonctionnel.

Même Guil, notre aîné de plusieurs années, nous le connaissions parce qu'il avait suivi la même trajectoire que nous, celle de tous les jeunes venant des kibboutzim de l'HaChomer Hatzaïr : nous avions tous grandi au sein d'une société d'enfants, nous avions tous chanté les mêmes chants composés par les membres pour insuffler aux fêtes juives une signification nouvelle.

Par exemple, pour la fête de Shavouot que nous appelions fête des Prémices pour bien marquer son caractère agricole, on faisait monter sur l'estrade les mères portant dans leurs bras leurs enfants nés au cours de l'année écoulée. Ensuite, au CP, on nous alignait sur la scène, chacun avec une colombe frémissante dans les mains.

Nous nous efforcions de ne pas les laisser échapper en écoutant intensément, devant tout le kibboutz assemblé, le chant qui montait peu à peu pour culminer en un cri de douloureux désir (les mots étaient de Dov Shaï, un des fondateurs de Ramat HaShofet, et la mélodie de Yizhar Yaron, né à Tel-Aviv qu'il avait quittée à un âge tardif, alors qu'il avait déjà une profession, pour aller rejoindre Ein HaShofet) :

Voyez voyez dans le firmament :
Les fils des nuées dans le ciel azuré
Sortir pour apporter aux filles ailées
Le message de l'espérance.

Volez volez colombes immaculées
Emportez dans une clameur illuminée
La paix la paix vers nos frères aimés
Et revenez avec un chant de réjouissance.

Au signal, à la fin du chant, nous lâchions les colombes vers le ciel, vers nos frères de tous les kibboutzim.

*

Tous les quinze jours, les dimanches et lundis, nous allions chacun travailler dans notre kibboutz, et une fois toutes les deux semaines, les mêmes jours, nous assistions aux séminaires de Givat Haviva appelés l'"école" et destinés à nous autres, les moniteurs d'une année.

Nous arrivions à Givat Haviva le dimanche vers midi, et avant toute chose nous consultions le programme punaisé sur le tableau d'affichage. Il était rédigé selon la même technique que celle de Boaz et Guil : les heures étaient notées en quatre chiffres, puis deux points, puis le détail : accueil et attribution des chambres, déjeuner, sieste, goûter, dîner, soirée (cinéma ou baignade nocturne dans la piscine), et le lendemain, petit-déjeuner, pause de dix heures, déjeuner et départ. Entre les repas, pendant une heure ou deux, des conférenciers venaient nous parler ; certains étaient des intellectuels venant de nos kibboutzim des environs, invités pour une heure ou deux par "la direction générale", en bleu de travail, bien entendu.

L'emploi du temps ne le mentionnait pas, mais chaque session d'école comportait un match de football entre nous autres et les arabisants qui étudiaient l'arabe durant un an à Givat Haviva. Si Hanan, moniteur comme nous et joueur du Hapoel de Beit Shean, faisait partie de notre équipe, nous étions les vainqueurs ; sinon les arabisants nous battaient régulièrement, alors qu'ils étaient moins nombreux que nous et préféraient les études au sport. Ils gagnaient parce qu'ils jouaient sur leur terrain, qu'ils y habitaient toute l'année et surtout grâce à l'efficacité de Ronen, leur gardien de but. La manière dont il veillait à la propreté de son filet semblait avoir été apprise au séminaire de Givat Haviva.

*

Givat Haviva était la résidence de nos dieux laïques. Le secrétariat du mouvement national y tenait ses réunions et le conseil ouvrier ses célèbres assemblées avec Yaacov Hazan, Meir Yaari[32], et Haïke Grossman[33]. Fondé en juillet 1949, le centre de séminaires et de conférences porte le nom de la parachutiste Haviva Reik, membre du kibboutz Ma'anit, tuée par les nazis en 1944 au cours de sa mission en Slovaquie.

À l'HaChomer Hatzaïr, on pensait que tout pouvait s'apprendre et s'enseigner dans ces séminaires, que la révolution socialiste serait le fruit de nos mains, que nous en étions les artisans. L'histoire n'était pas un amoncellement de récits vaguement reliés entre eux, mais un processus logique et scientifique, un enchaînement ordonné de causes et d'effets. Nous méprisions les miracles, le hasard et la religion. Si nous acquérions d'une part le savoir et de l'autre, la persuasion, tout réussirait.

On enseignait tout à tout le monde à Givat Haviva : il y avait des cours d'arabe, des séminaires pour les moniteurs de tous âges, l'école pour les jeunes moniteurs post-bac, pour les responsables de diverses commissions, ceux qui revenaient de l'armée, les célibataires, les travailleurs aux cuisines, les bouviers, et même un séminaire sur les drogues et la prévention de son usage dans les kibboutzim. On y avait invité des fumeurs qui juraient avoir ou être sur le point d'arrêter (juste avant ou après que le secrétariat ne fasse venir la police dans le kibboutz). Ils racontaient ensuite que jamais ils n'avaient fumé dans un endroit aussi idéal. Givat Haviva était un paradis pour tous ceux qui venaient y étudier.

C'était un kibboutz de carton-pâte dépourvu des fonctions essentielles du kibboutz, sans étable, sans champs, sans tracteur ni outillage agricole, sans planificateur de tâches, sans travail et sans membres. En revanche, il y avait, comme au kibboutz, une salle à manger, une piscine et des pelouses toujours vertes et bien entretenues parce que personne ne marchait dessus. Givat Haviva ressemblait à une grande maison de poupée, à un beau rêve sans fêlure, car irréel et immatériel. Une école de socialisme sans aucun contact avec la vie réelle qui risquerait d'abîmer ce joli rêve, un endroit où personne ne vivait, car seuls y séjournaient, pour quelques jours ou une semaine au plus, les conférenciers et ceux qui venaient assister aux séminaires.

*

Les arabisants étudiaient dans un centre judéo-arabe pour la paix fondé en 1963 à Givat Haviva dans le but, comme le précise le site Web de Givat Haviva :

> … d'encourager le rapprochement et la création de partenariats entre Juifs et Arabes, et de promouvoir la connaissance mutuelle entre les deux peuples. […] Le Centre œuvre dans un esprit humaniste en vue de l'établissement d'une démocratie réelle et de l'égalité effective entre tous les citoyens israéliens, juifs et palestiniens. Il aspire à créer un pluralisme social et culturel au sein de l'État et travaille en vue de la paix et de la réconciliation entre tous les peuples de la région.

Nos proclamations étaient toujours rédigées au futur, c'est pourquoi elles restaient intactes, éternellement fraîches et vivaces comme les pelouses de Givat Haviva, immaculées comme les colombes de la paix que nous lâchions au CP, lors de la fête des Prémices.

À la fin de cette année de monitorat, une année de report de la vie ou de mission pour le mouvement, Guil est retourné travailler dans les bananeraies de Beit Zera et servir comme officier de réserve dans une unité de combat.

En attendant la paix, les arabisants ayant acquis une bonne connaissance de l'arabe pour les besoins de la paix espionnaient les Arabes en temps de guerre, ou pendant qu'on se préparait à la guerre. Après un an d'études intensives, comme ils avaient acquis une parfaite maîtrise de la langue, ils furent affectés, pour la plupart, dans les services de renseignement de l'armée. D'autres furent envoyés dans des unités chargées d'interroger les prisonniers. Une partie des enseignants d'arabe à Givat Haviva étaient des officiers de ces unités ou du Shabak, les services secrets.

Chez nous, la fraternité entre les peuples et le socialisme se conjuguaient toujours au futur. Notre bref passé et notre présent perpétuel étaient le service, fer de lance de l'armée.

*

Boaz hésitait entre deux unités, commando de reconnaissance ou pilote. Lors de notre dernier soir en communauté, nous avons aligné les avantages et les inconvénients des deux. Guil disait que les deux options étaient intéressantes, mais que ceux qui arrivaient au bout du cours de pilotage étaient peu nombreux. Si on échouait, on pouvait toujours se rabattre sur les commandos. Pour ma part, j'ai dit que j'étais dérangée par le fait que les pilotes n'étaient en permission que toutes les trois semaines pendant les deux ans que durait la formation, et seulement du vendredi au samedi, au lieu du vendredi au dimanche comme les autres appelés. Mais apparemment c'était voulu, pour que les élèves pilotes soient complètement immergés dans leurs cours au point d'en oublier le monde extérieur. "Oui, ajouta Boaz, pour qu'ils en oublient cet endroit, ou les endroits comme celui-ci." Nous fûmes alors saisis d'une profonde nostalgie pour notre appartement, et pour chacun d'entre nous, bien que nous y fussions encore.

Guil se mit à rire et nous dit brusquement, à Boaz et à moi : "Les potes, je sais que vous êtes ensemble depuis le premier soir."

Nous n'étions pas ensemble. Chaque matin, nous retournions vite dans nos lits pour que Guil ne nous voie pas lorsqu'il montait se raser à l'étage, à six heures et demie du matin. Mais la première nuit, Boaz s'était endormi dans ma chambre.

Les gens de la ville nous demandaient toujours si nous couchions ensemble, quand nous vivions dans des chambres communes jusqu'à l'âge de dix-huit ans, sans adulte pour nous surveiller. Un jour une éducatrice nous avait dit, à Eyal et à moi, alors que nous attendions tous les trois à l'arrêt du bus de l'institut, que le kibboutz avait voulu et réussi à modifier la sexualité des jeunes au point que les garçons n'éprouvaient aucune attirance sexuelle pour les filles de leur groupe. Les versions sur le sujet divergeaient. "C'est un fait, répondions-nous poliment aux questions des citadins, il n'y a jamais eu de couple formé au sein d'un même groupe, cela aurait constitué une forme d'inceste, de tabou."

Tant à l'institut que plus tard, nous avions appris à ne rien révéler de nous ou des autres. Pas parce que c'était permis ou interdit mais parce qu'au kibboutz ou à l'institut, nous étions toujours entourés de gens qui nous connaissaient. Nous sentions que le regard extérieur des témoins et leurs commentaires précéderaient toujours nos actes.

Nous communiquions toujours par lettres et par billets pour ne pas être découverts. Nous ne cessions de nous écrire, même à l'institut où nous n'étions séparés que par quelques dizaines de mètres, la distance entre notre bâtiment et celui des autres groupes. Nous glissions nos billets sous les portes, sous les oreillers, entre les livres. Nous écrivions en diagonale sur les enveloppes, à l'encre rouge "Ne viens pas me voir ce soir, s'il te plaît", ce qui voulait dire juste le contraire. Parfois, nous ne savions pas si nous étions amoureux pour être avec quelqu'un, ou pour écrire et attendre des lettres.

*

Dans la communauté, nous avions chacun notre chambre, sans avoir à la partager avec trois autres dans chaque coin. Mais Boaz et moi nous nous serrions dans une seule chambre. Nous rentrions dans le lit à une place de l'un ou de l'autre, comme dans la maison d'enfants, quand l'éducatrice partait et que la peur surgie des histoires ou de la vie rôdait dans le couloir et menaçait de se glisser dans les chambres. Comme Guil couchait au rez-de-chaussée et que nous étions seuls là-haut, nous nous couchions et nous racontions des histoires tirées des livres, ou des poèmes et pièces de théâtre que nous écrivions.

Notre dernière nuit en communauté, après que Guil nous a dit qu'il savait que nous étions un couple depuis le premier soir, après avoir passé la soirée autour d'un feu imaginaire dans le salon aux meubles en Formica et avoir parlé de l'année écoulée en buvant du Nescafé, Guil est allé dans sa chambre, et nous avons dormi chez Boaz. Boaz a dit qu'à Degania 1 et à Degania 2, les premiers kibboutzim du pays, les enfants ne dormaient pas dans les maisons d'enfants, mais chez leurs parents. La famille était très importante là-bas, et le groupe (c'est ainsi qu'on appelait le kibboutz) était tout aussi important, mais pas plus que la famille. Les discussions sur le bien-fondé de l'une ou de l'autre méthode reprenaient régulièrement dans les kibboutzim de la vallée.

Un jour, la célèbre poétesse israélienne Leah Goldberg était venue donner une conférence à Afikim, un kibboutz de la vallée, voisin de Degania, et y avait passé la nuit. Cette nuit-là, elle y écrivit deux poèmes qu'elle dédia aux enfants d'Afikim, ils se trouvent dans son recueil *Que font les gazelles*.

À Afikim, comme dans tous les kibboutzim, et contrairement à Degania, les enfants dormaient dans les maisons d'enfants. Leah Goldberg exprime, dans le poème *Soirée en face du mont Galaad* ce qu'elle en pensait. Elle avait pitié de la mère dont le petit s'était égaré et le ramenait dans son giron. Nous écoutions, et nous récitions l'un à l'autre ce poème, cette berceuse tardive :

Les arbres alourdis
Ploient sous leurs fruits
C'est l'heure tranquille
Des enfants endormis.

De Galaad descend vers la vallée
Un noir et doux petit agneau

La brebis pleure dans l'enclos
Son tout-petit égaré.

L'agneau reviendra à sa mère
Se couchera et s'endormira.
Tendrement elle l'embrassera
De doux noms le caressera.

Parmi les arbres la nuit est cachée
Le prophète de Galaad, Elie
Descend, silencieux, dans la vallée
Veiller sur les enfants endormis.

L'agneau reviendra à sa mère
Se couchera et s'endormira.
Tendrement elle l'embrassera
De doux noms le caressera.

*

Le lendemain matin, les moniteurs de la promotion suivante sont arrivés. Nous les avons accueillis, nous leur avons montré le lycée Blich, le "nid" construit par nous, et l'épicerie où nous faisions nos courses à crédit. Eux aussi hésitaient entre le commando de reconnaissance et l'aviation. Boaz a choisi l'aviation.

17

Le 27 octobre 1980, un important séisme ébranla le pays. La terre trembla en de nombreuses localités situées le long d'une faille inconnue jusqu'alors des géologues : au kibboutz Yehi'am en haute Galilée occidentale, l'épicentre ; à Nahariya où le fleuve Ga'aton sortit de son lit en emportant carrioles, voyageurs et cochers sur son passage ; à Evron, le kibboutz plat qui hébergeait l'institut Oshrat près de Nahariya et qui servait de centre éducatif aux kibboutzim de Yehi'am, de Ga'aton d'Evron et de Shomrat, où avaient vécu, dormi, mangé et étudié cent quatre-vingts jeunes de la cinquième à la terminale ; dans la ville basse de Haïfa, en particulier dans la rue de l'Indépendance où se trouvait le bureau de liaison des coopératives et usines du mouvement kibboutzique, tout près du café Awa où l'on servait le café dans des tasses en verre ; sur l'élégant et verdoyant Carmel où l'on donnait des concerts, où vivaient aussi les meilleurs psychologues, orthopédistes et orthodontistes, les spécialistes chez qui on envoyait tous les enfants à problèmes des kibboutzim des environs ; au 6 de la rue Havatselet à Ramat Gan qui abritait la communauté de l'HaChomer Hatzaïr ; et dans la base du régiment de blindés de la vallée.

La secousse sismique fut ressentie aussi à Ga'aton, le kibboutz situé à deux kilomètres de l'épicentre, Yehi'am ; au kibboutz Kabri au pied duquel passait l'autocar jaune du conseil régional, qui conduisait les jeunes de ces deux kibboutzim à l'institut Oshrat du kibboutz Evron ; à Givat Haviva où, sur des pelouses éternellement vertes se tenaient des séminaires aux titres pleins d'espoir qui évoquaient un monde meilleur ; ainsi que dans tous les kibboutzim sur toute l'étendue du pays.

Il n'y eut ni victimes, ni dégâts matériels.

On nota quelques instants de stupeur pendant lesquels les gens restèrent cloués sur place. Chacun se figea, debout, assis ou en pleine marche : à Yehi'am, au milieu de ces personnages figés, il n'y eut plus de différence entre un Hongrois et un Français, un travailleur et un paresseux. À Nahariya, personne ne savait plus qui était docteur ou employé du Carlton. À Evron, chacun resta cloué sur son vélo ou dans sa voiture. À Haïfa, les deux funiculaires, celui qui montait et celui qui descendait, s'arrêtèrent dans un grincement de crémaillère et restèrent coincés entre deux stations, entre le centre du Carmel et la place de Paris. Dans la communauté l'HaChomer à Ramat Gan, l'enseigne lumineuse s'éteignit brusquement. Dans la plaine, les soldats se figèrent sur leur arme et leur équipement. Le régiment de blindés s'arrêta net.

Ce fut un instant brisé mais éclatant, un instant où l'être humain reçoit la dignité qu'il mérite, par le fait simple et miraculeux de sa présence, de sa lutte pour la vie, pour agir, comme toute créature vivante, fourmi ou arbre. Un instant où, sans crier gare, la justice descend sur terre, où toute la grisaille du travail est reconnue comme œuvre de vie ; un instant où tous sont égaux devant l'univers. Comme la pitié que nous éprouvons pour les gens de Pompéi, pour ceux qui vivent dans des univers parallèles, pour ce que nous n'avions jamais été et que nous ne serions jamais. Comme notre stupeur devant les squelettes des musées de la Science.

Il y avait ici de la vie, il y avait des gens. Leur cœur battait, leur sang circulait, ils allaient, cueillaient, ramassaient, cuisinaient. Il y avait ici des traces d'hommes debout, qui n'étaient pas des singes. Il y avait la vie et il y avait aussi la mort.

Mais tout cela ne fut qu'une brève illusion de quelques instants. Rien qu'une illusion. Aucun cauchemar de mort, de ceux que j'avais toujours redoutés, ne s'était produit. Personne ne s'était figé sur place. C'était moi qui m'étais fissurée.

C'était moi qui m'étais fissurée, ce pour quoi j'ai été libérée de mes obligations militaires en vertu de l'article 21, avec deux certificats de démobilisation, l'un bleu et l'autre gris. Le bleu m'a été remis par l'officier du régiment qui l'avait tapé, les mains tremblantes de colère, sur sa machine à écrire, après m'avoir dit : “Tu ne comprends donc pas, ce certificat te nuira toute ta vie durant. Réfléchis encore, pense à ton avenir. Tu es une fille intelligente, tu es en train de gâcher ta vie. Il est impossible qu'avec ton cursus tu te retrouves avec un certificat bleu.”

Et pourtant, monsieur l'officier au bon cœur, merci d'avoir essayé, vraiment, qui l'eût cru, une si belle âme en plein pouvoir, mais il n'est pas question d'avenir, il est question de passé et de présent. D'un présent continu. Illimité. C'est ce que j'ai pensé, alors j'ai bredouillé une excuse : “Je ne sais pas, je suis sûre que tout ira bien. Merci, ne vous inquiétez pas."

Le certificat bleu signalait déjà de l'extérieur, par sa seule couleur, un individu anormal. À l'intérieur, sur la ligne du code, on avait inscrit : "Inapte au service militaire".

*

Une semaine plus tard, j'ai reçu par courrier à Yehi'am, par la poste de haute Galilée, un certificat gris avec un numéro décalé d'un chiffre par rapport au vrai, ce qui l'invalidait. Le vrai certificat gris, ce même officier me l'avait envoyé de sa propre initiative, sans aucune requête de ma part ni proposition de la sienne, une démarche parfaitement désintéressée. Il m'y attribuait un grade supérieur de trois rangs à celui de simple soldat qui était le mien au jour de ma démobilisation, y avait ajouté des compliments qu'on ne m'avait jamais adressés et mentionnait que j'avais donné toute satisfaction à mes supérieurs dans l'accomplissement de mes tâches. Ne manquait plus qu'une décoration.

Ce certificat non signé ne disait rien de moi. Il en disait long sur lui, sur un homme de bonne volonté.

Mais le certificat bleu qui l'inquiétait tant ne me préoccupait pas du tout, alors que je me trouvais dans la base d'intégration et essayais de me concentrer sur les missions du formulaire d'excursions.

Comme ma démobilisation était imprévue, je me suis retrouvée parmi les garçons libérés le même jour. Pendant qu'un soldat du service énumérait d'un ton de commandement les vêtements à rendre qu'il fallait jeter sur la longue table placée devant nous, j'essayais du mieux que je pouvais d'être en phase avec les autres. Deux pantalons, ordonne l'officier, et je jette le pantalon n° 1 en Dacron, puis le deuxième, n° 2. Pantalon *ranger*, et je jette une jupe. Pull-over, et je jette un blouson.

La procédure de mobilisation était apparemment semblable à toutes les autres procédures militaires, mais cette fois l'engrenage tournait imperceptiblement à l'envers. Un instant plus tard, j'étais libre. J'ai été expulsée vers le monde non formaté qui suit le service militaire.

J'ai été démobilisée après onze mois de service. J'avais passé la plus grande partie de mon temps dans un régiment de blindés dans la vallée. Parmi des jeunes religieux venant de yeshivot, qui ne s'opposaient pas au service militaire, des laïques, des jeunes de kibboutzim et de mochavim et des citadins, des riches et des pauvres. C'était l'hiver, une nature sauvage à la floraison enivrante, rose, jaune et violette et beaucoup, beaucoup de boue.

C'est là-bas que pour la première fois, j'ai été seule. Après dix-neuf ans passés à parler et à vivre au milieu de gens qui avaient reçu la même éducation que moi, je me suis retrouvée dans un endroit où je ne connaissais personne, sans langue ni langage corporel me permettant de communiquer avec des étrangers. J'ai commencé à apprendre une nouvelle langue, une langue traduite, comme si mes paroles adressées aux autres me revenaient en écho et que j'entendais de l'extérieur mes efforts appliqués.

*

Dans ce régiment de blindés dans la vallée, nous ne faisions pratiquement rien. Nous faisions griller des toasts sur des poêles, comme à l'institut, sauf qu'à l'institut c'était des poêles à pétrole et qu'à l'armée, ils étaient électriques. Nous les renversions sur le dos dans le quartier des filles et posions dessus des tranches de pain brioché. Nous autres, filles de kibboutzim, nous étions à l'étroit dans l'armée. Notre apprentissage avait été beaucoup plus ardu. Y compris, le service à la cantine. Nous savions déjà travailler, nous étions déjà brisées, nous avions subi les rituels d'initiation, des siècles plus tôt.

Dans ce régiment de blindés, j'ai commencé à fumer de manière intensive, quasi génétique, à la hongroise, avec Amit, le citadin, un sergent avec lequel on pouvait parler de livres et de films. J'ai commencé directement par un paquet, une cigarette après l'autre, pour masquer le vide et le meubler.

Ceux de la ville adoraient venir au kibboutz. Nous détestions leurs visites. La double traduction nous désarçonnait. "Qui c'est ?" demandait-on au kibboutz. Parfois d'un regard, parfois à voix haute, ou dans leur dos. "Oh rien, personne", répondions-nous, ou bien nous éludions la question. Parfois, nous laissions nos invités dans nos chambres et leur apportions à manger pour ne pas avoir à répondre aux questions.

La visite d'Amit est tombée le jour de la fête de l'Indépendance. Quelle contenance se donner dans cette rangée en fer à cheval, le jour du Souvenir qui précède la fête, où personne ne peut échapper aux regards ? Tout le monde voit tout le monde. Impossible de se cacher dans la deuxième rangée. Comment lui traduire "Kibboutz, kibboutz, garde-à-vous !", puis "Kibboutz, kibboutz, repos !" claironnés par la basse retentissante d'Adam ? Comment lui traduire la trompette de Gil'ad Pelesh, du toit de la salle à manger, puis les lectures, et ce moment terrible de la commémoration de nos morts au combat, avec Haïm, le frère de Ronen de notre classe ? Comment lui expliquer les enfants vêtus d'une chemise blanche piquée de l'épingle sanglante des Maccabées, et la montée de tous à la forteresse pour les célébrations, les feux d'artifice et les somptueuses illuminations ?

Amit a insisté pour ne pas rester dans la chambre. Il était à mes côtés. Entre fou rire et amusement, il en a aimé chaque instant (en pleine cérémonie, il m'a demandé en chuchotant : "Pourquoi on fait un recensement au kibboutz ?"). Je n'ai pas répondu, je voulais qu'il s'évapore, que les bouches d'irrigation l'engloutissent, qu'il disparaisse.

*

Un nouveau soldat fut affecté dans mon bataillon de la vallée. Il était près des baraquements des officiers. C'était un garçon fin, un genre de Che Guevara aux cheveux courts, qui chantait toute la nuit avec une ferveur hassidique en s'accompagnant à la guitare, *Nothing's Gonna Change my World* des Beatles. J'avais déjà vu des choses bizarres à l'armée, et les volontaires au kibboutz chantaient cette chanson en chœur. Mais notre commandant, qui était quelqu'un d'exceptionnel, m'a donné l'explication : "Il proteste." "Contre quoi ?" ai-je demandé. "Contre le service militaire dans les territoires occupés", a-t-il répondu comme s'il citait la nouvelle recrue. "On va l'envoyer dans les territoires occupés ?" ai-je demandé.

Il m'a regardée avec stupeur. À l'époque, nous avions déjà eu de nombreuses discussions au cours desquelles il avait essayé de me convaincre à coups de vérités variées. C'était un commandant différent, il voyageait en Extrême-Orient au moment où on l'avait rappelé de toute urgence pour, selon la terminologie kibboutzique en vigueur dans l'armée aussi, "apporter sa contribution à l'armée". "On a besoin de gens comme lui", et autres paroles de la sorte qui atteignent les consciences. Il était revenu pour une durée limitée et avait pris le commandement d'un bataillon de blindés dans la vallée du Jourdain.

Lors de nos précédentes conversations, nous n'avions pas évoqué des catégories géographiques. Il a dit lentement : "On est dans les territoires occupés, ici."

C'est seulement alors que j'ai pris conscience que le bataillon où je servais depuis six mois se trouvait dans les territoires occupés. Comment la vallée pouvait-elle avoir un lien quelconque avec les territoires occupés ? Je n'en avais pas la moindre idée jusqu'à cet instant-là. Je savais que l'HaChomer Hatzaïr n'était pas dans les territoires occupés, sauf ce kibboutz sur les hauteurs du Golan, Gueshur, qui avait suscité d'interminables conférences, réunions et discussions pour ou contre, et chacun avait son opinion sur la question.

Sous le titre : "Tout ce que vous avez toujours voulu savoir sur Gueshur sans jamais oser le demander", Yoav avait écrit dans le bulletin du kibboutz :

> Si vous êtes opposés à toute implantation sur les hauteurs du Golan, cet article ne vous concerne pas, mais si vous avez l'esprit ouvert et êtes prêts à entendre d'autres arguments, cet article s'adresse à vous. Voici en quelques mots la brève histoire de Gueshur.

Même l'expression consacrée par les citadins "Territoires occupés" m'était vaguement étrangère. Nous disions "les territoires", et il était évident qu'ils étaient occupés. Personne ne le contestait. Et comme personne ne le contestait, la chose m'avait bizarrement échappé.

Le commandant me raconta alors que ce soldat s'était distingué pendant ses classes, qu'il les avait achevées avec succès, qu'il voulait bien faire son service militaire, mais pas dans les territoires occupés. Il ajouta qu'il le ferait passer en jugement, car si d'autres s'en chargeaient, il serait condamné beaucoup plus lourdement. Cependant, il ne put éviter la comparution de cet objecteur de conscience devant d'autres cours militaires. La peine de prison qu'on lui infligea fut la première d'une longue série.

*

Ce qui avait débuté avant la nuit de veille de l'objecteur de conscience est allé en s'aggravant. Les arguments et les raisonnements se sont défaits sous le poids de la réalité. Je ne comprenais pas le rapport existant entre ce régiment dans la vallée et ce qu'il y faisait, je ne comprenais pas pourquoi il y avait désaccord sur Gueshur et non sur d'autres endroits.

Une chose en entraîna une autre et de fil en aiguille, j'émis le souhait d'être mutée dans une base près de Tel-Aviv et de quitter ce régiment où je ne faisais rien. Être le soir en ville. Il n'était pas question d'insubordination. J'ai effectivement dit "non" à un poste dans un bureau de recrutement, et "non" à un autre au bureau du régiment, cela équivalait à refuser ce qu'impliquaient ces postes. Le refus était aisé, motivé, issu de ce que je savais, il était le symétrique du commandement, clair et direct. Je n'avais aucun argument à opposer, je n'avais aucun monde de beauté et de justice où me réfugier.

*

J'ai quitté ceux avec qui je m'étais liée au régiment et me suis à nouveau retrouvée seule. On m'a envoyée à la base de maintenance de Tel HaChomer, près de Ramat Gan.

En attendant mon tour pour l'entretien d'intégration, j'ai fait la connaissance de Benny qui, durant des années, avait vécu comme "enfant de l'extérieur" dans un kibboutz de la vallée de Jezre'el. Pendant que nous attendions ensemble, nous avons eu l'idée de leur proposer d'être jardiniers, de créer et d'entretenir un beau jardin dans cette base négligée. C'était presque une bonne blague, une parabole sur l'absurdité de l'armée. Nous nous sommes mis d'accord pour présenter l'idée chacun de son côté au cours de l'entretien. Nous ne perdions rien à essayer. L'idée fut trouvée intéressante, et aussitôt acceptée.

À partir de ce jour-là, je n'avais même plus d'emploi du temps fixe auquel me raccrocher. Nous venions à notre guise, nous disions que dans les jardins les travaux étaient saisonniers. Qu'en matière de jardinage, l'excès était nuisible et qu'il fallait en faire peu pour obtenir beaucoup. Nous avons dit que nous accomplirions tous les tours de garde, mais que le jardin ne requérait pas un travail à heures fixes. Ils l'ont accepté. Avec un maigre budget, nous avons planté de jolis jardinets sur toute l'étendue de la base.

Tout le monde était content. Et nous disposions de beaucoup de temps libre.

*

Le soir, nous nous réunissions dans un appartement que le kibboutz louait pour ses soldats en service militaire en ville. Il était situé au-dessus des abattoirs de Givat Shmouel. Nous étions heureux de nous retrouver, comme si nous nous étions enfuis de la maison d'enfants, que nous étions redevenus Noriko San, la petite Japonaise. Les explications étaient superflues, il n'y avait plus de citadins, tout était clair, nous nous comprenions, nous buvions du Nescafé avec trois sucres autour d'un feu invisible, dans le salon aux chaises cassées, nous allions au cinéma et nous nous racontions notre journée à l'armée. Les blattes urbaines grouillaient dans les placards et sur le marbre du plan de travail ; la nuit, les vaches urbaines de l'abattoir poussaient des meuglements presque humains, nous savions qu'elles savaient le massacre qui les attendait.

J'ai senti que quelque chose rampait sous nos jardinets de la base, que quelque chose avait été déraciné avec cet emploi du temps détruit. J'ai décidé d'aller voir la psychologue militaire, je voulais lui parler, peut-être devais-je faire autre chose, peut-être devais-je croire que tout cela avait un sens, y compris ce que nous faisions, Benny et moi. Je sentais que notre plaisanterie s'était retournée contre nous et nous écrasait, comme si un de nos poissons d'avril nous avait enveloppés et que nous vivions à l'intérieur.

Je me suis présentée devant la psychologue militaire de Tel HaChomer, à côté de ma base. Une haut gradée en uniforme et galons, et j'ai décrit en bégayant mon parcours décousu dans l'armée. Après m'avoir écoutée, elle m'a dit une seule phrase : "Laisse tomber, c'est pas pour toi, l'armée."

J'ai eu très peur, j'ai cru qu'elle avait diagnostiqué une chose terrible, disons un genre de folie latente, et qu'elle ne voulait pas me le dire ou en prendre la responsabilité. Mais elle m'a assuré que non, que c'était dommage, qu'on ne savait jamais mais que l'armée ne convenait pas à tout le monde.

"Mais le kibboutz, mes parents, que diront-ils, ce n'est pas si simple", lui ai-je dit.

Elle a pris sur elle de parler à mes parents et de leur expliquer. Et il en fut ainsi.

*

Une semaine plus tard, j'étais démobilisée le même jour que les garçons, et dans le centre d'intégration, oscillant entre le désir de mourir et l'espoir d'une vie nouvelle, j'ai rendu le barda d'une vie qui n'avait jamais été la mienne.

Mais qu'allais-je devenir, à présent? Qu'allais-je dire au kibboutz?

Ma démobilisation n'a jamais été expliquée. C'était un événement dramatique pour l'époque et pour le kibboutz. Personne ne m'a jamais demandé d'explication, sauf la fois où mon frère Yohaï m'a accompagnée comme chauffeur et a assisté à la réunion du kibboutz à laquelle j'avais été convoquée. Comme d'habitude, cette réunion n'était pas vraiment formelle. Je ne me souviens ni du lieu, ni des personnes devant lesquelles nous avons comparu, il me reste seulement le souvenir que c'était dans un autre kibboutz. Il s'agissait d'une réunion de mise au point, quelqu'un avait essayé de deviner s'il s'agissait d'une forme de dérèglement mental et si une aide serait peut-être souhaitable ; et si ce n'était pas le cas, peut-être fallait-il envisager un blâme, en public ou en privé. Mon frère, un officier d'artillerie exceptionnel, qui avait déjà travaillé au kibboutz et s'était acquis une bonne réputation, a joué le rôle de modérateur. Il a arrêté les questions qui fusaient de toute part. Je n'ai pas parlé. On m'a souvent posé des questions au kibboutz, mais sur le ton de l'histoire personnelle, presque avec le souci et la volonté de comprendre. Pas sur un ton de reproche.

Il n'y avait aucune explication à ma démobilisation. Et s'il y en avait eu une, elle ne serait pas d'ordre psychologique. C'est pourquoi je n'ai pas demandé à mes parents ce que leur avait dit la psychologue de l'armée qui avait voulu m'aider. Évidemment, l'explication n'était pas géologique non plus, il n'y a pas eu de tremblement de terre, c'est moi qui me suis fissurée.

Peut-être était-elle plutôt zoologique, comme si la côte qui nous reliait – enfants de Narcisse, de Mouette, de la communauté de Ramat Gan, enfants de l'HaChomer Hatzaïr tout entier – s'était brisée et que j'étais soudain seule, sans personne qui me connaisse depuis la crèche, ni à gauche ni à droite ni devant ni derrière.

Peut-être était-elle géométrique, comme si je m'étais perdue dans l'espace découvert, après avoir toujours vécu dans des lieux clos, avec les mêmes questions.

Des questions auxquelles il n'y avait pas de réponse. Comme Eliezer et Rivka nous avaient appris à crier, pour entendre l'écho de nos voix lors de nos excursions en montagne. Le cri avait été poussé, mais aucun écho n'a plus jamais répondu de nulle part.

18

À vingt et un ans, l'âge des volontaires qui venaient du monde entier travailler quelques semaines chez nous avant de retourner dans leurs pays respectifs, trois possibilités s'offraient à nous dont on avait débattu sans fin et légiféré tout autant.

Première possibilité : choisir librement de vivre l'expérience socialiste. Tout en étant nés et ayant grandi dans le système, tout en ne connaissant pas d'autre mode de vie, nous étions censés faire *le libre choix* d'y demeurer. Vivre au kibboutz, volontairement, de notre plein gré, et non contraints et forcés comme sous les régimes communistes totalitaires de l'URSS, de Chine ou de Hongrie.

Deuxième possibilité : Prendre une année de congé durant laquelle nous travaillerions dans une usine d'un des kibboutzim de la région en tant que salarié, mais aussi comme enfants privilégiés de ses dirigeants. L'argent ainsi gagné ne serait pas reversé à notre kibboutz, mais exceptionnellement mis de côté pour nous permettre ensuite de faire un voyage à l'étranger.

Troisième possibilité : Partir.

Nous sommes partis.

D'un instant au suivant, nous sommes passés du statut d'enfants du kibboutz à celui de ceux qui partent. De "ceux du kibboutz" aux "partants".

C'est le départ des jeunes qui a déchiré le kibboutz, et non le fait que les enfants dorment dans les maisons d'enfants. Les parents ont été brisés par leur impuissance à aider leurs enfants. Les couvertures rêches dont ils s'enveloppaient en les quittant à l'hôpital n'ont plus suffi à les couvrir. Leurs jambes sont restées plantées dans leur vie volontaire, mais leur cœur a bondi hors du kibboutz, vers leurs jeunes laissés derrière eux. Ils erraient dans leur vie actuelle comme des parents endeuillés, ne souhaitant qu'une seule chose : venir en aide à leurs enfants. Cette rupture a brisé tout le monde. Seules de rares familles ne se sont pas divisées. Au cours de ces années-là, près de la moitié des jeunes du kibboutz sont partis, les uns vers d'autres kibboutzim, la majorité vers les villes.

Nous n'avons jamais rien reproché à nos parents. Au contraire. Nous avons pris le double lit métallique que Feivel fabriquait pour chacun de nous dès la classe de première, et la literie que nous avions reçue pour la vie en communauté, deux oreillers, une couverture double et nous sommes partis. Le cœur léger, mais la conscience douloureuse.

Le kibboutz n'est pas un village au paysage pastoral, avec ses habitants pittoresques, ses poules et ses arbres de Judée. C'est une œuvre politique et nous en sommes les déserteurs. Nous ne sommes plus des traîtres, comme on les appelait il y a dix ans, quand mon frère aîné est parti, mais nous y revenons en silence sur la pointe des pieds. Nous franchissons la barrière, là où vivaient les chacals, et nous glissons dans le décor d'une vie entière, à chaque visite chez nos parents biologiques.

Ceux qui partent de chez eux reviennent de temps en temps pour voir leur famille. Mais pour nous, ce n'est ni un retour ni une visite. *Le portail.* C'est ainsi qu'on appelle l'entrée où se tient le garde du kibboutz. Le portail qui avait une signification quand nous vivions au kibboutz est presque devenu son contraire lorsque nous en sommes partis.

Le nouveau garde nous reconnaîtra-t-il ? Et qui est-il ? Faut-il sortir de la voiture et lui dire bonjour ? Faut-il lui présenter celui qui nous accompagne ? Nous restions toujours plantés devant le portail comme des rôdeurs. Et à chacun de nos retours à Yehi'am, nos cœurs affolés s'emballaient dans tous les kibboutzim à la ronde.

Nous avons fait partie des cinquante mille jeunes nés et élevés dans les kibboutzim de l'HaChomer Hatzaïr, depuis leur création jusqu'à la suppression des maisons d'enfants dans les années 1990. Une partie des cent mille personnes est venue d'autres mouvements. Un total d'environ cent cinquante mille enfants qui ont grandi et sont devenus des adultes durant les années 1950 jusqu'aux années 1970 (selon les courants et les mouvements).

À cela il faut ajouter les adultes, fondateurs des kibboutzim, pour la plupart parents de ces mêmes enfants, et ceux qui les ont rejoints avec leurs noyaux et leurs mouvements de jeunesse. Les uns sont partis dès le début, d'autres plus tard, d'autres encore ont été tués à la guerre ou se sont suicidés. La plupart des fondateurs sont déjà morts.

Rares sont les gens de par le monde qui ont vécu, par choix et de leur libre volonté, une telle expérience, la plus ambitieuse qui fût jamais tentée, celle de bâtir un autre monde nécessitant une conception différente de la famille et du foyer.

*

Mais pourquoi celui qui abandonne son foyer continuerait-il à en parler ? Et aussi de sa désertion du foyer ? Et de sa trahison ? Notre mythe, celui de la création d'un monde nouveau, cette expérience inaboutie, nous nous le racontions sans cesse, même après notre départ.

Ceux qui ont quitté le kibboutz ont continué en quelque sorte à en faire partie. Cette étrange dénomination, "les partants du kibboutz", deux termes contradictoires et reliés entre eux, nous marque comme nos vêtements communautaires, et signe aussi notre appartenance. Bien sûr, nous l'avons quitté, mais d'une façon ou d'une autre, nous en faisons encore partie.

Le kibboutz étant de par sa nature même une entreprise créatrice, productive et optimiste, ceux qui sont restés ne se sont pas effondrés. Dès l'instant où ces départs étaient définitifs, ils les ont acceptés et ont considéré les partants comme des ambassadeurs dans les bastions des citadins. Ces relations étranges entre partants et restants étaient en grande partie réciproques.

Bien des années avant notre départ, nous avions entendu parler des anciens partants. Dans notre communauté d'enfants, nous étions fiers de ces partants sans même les connaître. Nous ne connaissions d'eux que des histoires transmises de bouche à oreille, mélanges de rumeurs, de commérages et de légendes, d'éléments rapportés et déformés. Comme un chapelet de fausses perles en pâte à modeler, des fragments de récits s'emmêlaient dans nos têtes, la fin d'une histoire se collait à une autre histoire.

Nous étions particulièrement fiers du chanteur, Arik Lavie. Nous ne racontions à son sujet que ce qui était sûr pour ne pas jeter le doute sur la réalité de sa brève présence parmi nous (le "parmi nous" était exagéré, il était parti fin 1948, douze ans avant notre naissance). Il avait été l'un des fondateurs du kibboutz quand celui-ci se trouvait encore à Kyriat Haïm, qu'il s'appelait Sélah et que tous les membres fondateurs gagnaient encore leur vie en travaillant à l'extérieur. Arik Lavie avait un bon métier qui payait bien, il était tourneur sur métaux et reversait comme les autres son salaire au kibboutz. Mais il empocha le salaire du deuxième mois et partit. Puis il revint pendant la guerre, alors qu'une moitié du kibboutz était déjà installée dans la forteresse. Il s'y trouvait lors de la Pâque de 1948, durant le siège. Il provoquait les artilleurs de Kaoukdji postés sur la colline de Givat Haetz en grimpant sur la muraille et en leur criant *"Yallah Mohamed!"* et, aussitôt, il redescendait pendant que les balles sifflaient autour de lui.

Shmouel Amir, qu'aucun d'entre nous n'avait jamais vu, avait quitté le kibboutz des années avant notre naissance et vivait à l'étranger. Apparemment ses affaires avaient prospéré, mais dans nos histoires il était multimillionnaire, avait acheté des gratte-ciel, des domaines et pour finir, des villes entières aux États-Unis, ou selon une autre version, au Canada.

Nous écoutions la radio comme en temps de guerre, à l'affût du moindre récit d'une personnalité célèbre ayant quitté Yehi'am, car implicitement il parlerait de l'essentiel, de la période qui aurait façonné sa vie au kibboutz Yehi'am.

Et quand ceux qui étaient partis ne parlaient pas de Yehi'am, nous commencions à craindre que tout cela ne fût qu'affabulations. Peut-être n'y avaient-ils jamais vécu. Arik Lavie n'avait jamais volé de tracteur, jamais fait le coup de feu à Givat Haetz et n'était pas parti parce qu'on ne lui avait pas accordé des études pour être chanteur d'opéra. Il n'en avait rien dit durant son interview.

Mais très vite un nouvel événement arrivait comme un fruit d'une nouvelle saison, redorait les récits et leur conférait à nouveau un cachet de vérité, prouvant que ce n'était là que la pointe émergée de l'iceberg. Par exemple, la venue d'Arik Lavie à Yehi'am à l'occasion d'une fête de jubilé avait attesté de façon rétrospective la véracité de tous les récits et témoignages sur tous ceux qui nous avaient quittés : Havva Alberstein, la célèbre chanteuse qui avait passé une semaine au kibboutz pendant son service militaire, le journaliste et animateur de radio Ghidon Reicher, qui avait fait partie du noyau de Jérusalem, l'acteur Misha Asherov qui avait vécu au kibboutz à ses débuts et tant d'autres.

Nous croyions que, depuis leur départ, ils agissaient tous ensemble en une sorte de communauté citadine. Là-bas, dans les grandes villes et dans le vaste monde, ils faisaient rayonner nos idées d'égalité et de justice et, plus important encore, ils parlaient de nous, du kibboutz Yehi'am, à cinq minutes du bout du monde. Leur fortune, leur renommée, ils l'accumulaient pour nous, pour les temps de détresse. Au moment de vérité, ils nous reviendraient tous, offriraient leur argent au kibboutz et donneraient un coup de main dans les bananeraies.

*

La beauté de notre kibboutz était indescriptible. Il était impossible de s'y habituer. Nous pensions que nous n'en étions pas dignes, tout comme nous n'étions pas dignes du système. Qui pourrait dire non à une tentative de fonder un monde meilleur, un monde d'égalité et de justice ? Nous n'avons pas dit non. Nous avons déserté.

Avant de partir, nous sommes retournés au kibboutz pour une année de conscience. Nous sentions que nous devions rembourser. Même si c'était impossible parce que notre dette était incommensurable, elle se déployait de la mer jusqu'au ciel, de Yanouah jusqu'à Pétra. Mais nous avons voulu la diminuer. Une année sabbatique nous paraissait comme un nouveau cratère, une nouvelle dette, nous avons dit au secrétaire français du kibboutz que nous n'en voulions pas. Nous avons refusé tout autant sa proposition d'études à l'université et de cours de conduite. Nous voulions cesser d'être débiteurs, cesser d'accumuler dette sur dette.

Durant mon année de conscience au kibboutz, j'ai croisé Andrew. Il travaillait à la bananeraie, à la salle à manger, à la plonge, enfin partout où lui ordonnait d'aller notre messager de conscience, c'est-à-dire le planificateur de tâches qui surgissait devant nous tout le temps et partout, pour nous donner des ordres. La bananeraie était la branche la plus prestigieuse du kibboutz. Pas seulement parce qu'elle était productive et rentable, mais parce que le travail y était physiquement le plus dur. On racontait que dans certains kibboutzim de la vallée du Jourdain on gravait un régime de bananes sur la tombe des “bananchiks”. Chez nous, un petit kibboutz de quatre à cinq cents personnes, tout le monde connaissait les bons ouvriers.

Le titre de “bon travailleur à la bananeraie” n’était pas attribué à tous ceux qui y travaillaient bien, mais seulement à ceux qui y venaient même sous des rafales de grêle, à ceux qui avaient à cœur de battre les records de récolte, d’empaquetage, de grosseur des régimes de bananes les années de jubilé, à ceux qui portaient les régimes sur leur dos pour les empiler savamment dans la remorque tirée par le tracteur.

Andrew n’était pas immunisé. Contaminé par notre maladie de conscience, il travaillait pour satisfaire le système. Non seulement il était un bon, un excellent travailleur, mais il portait sur sa poitrine l’insigne invisible gravé chez chacun de nous : “consciencieux”. Nous étions esclaves des affres de notre conscience, de nos tentatives pour satisfaire un système qui ne l’était jamais. Nous sentions notre conscience comme un membre biologique, organique, comme une excroissance invisible.

Andrew avait la trentaine, il était plus âgé que la plupart de nos volontaires et avait séjourné à Yehi’am beaucoup plus longtemps qu’eux. Il partait, revenait, repartait et revenait à nouveau, comme un fils prodigue. Il était fils d’un capitaine de vaisseau, grand buveur de whisky, qui passait sa vie en mer, et avait été élevé dans un internat d’une extrême sévérité. C’est au kibboutz, à Yehi’am, qu’il s’était senti chez lui pour la première fois.

*

Mon départ pour Tel-Aviv était déjà prévu, je l'avais retardé d'un an pour travailler au kibboutz, en guise de piètre rachat de ce qui n'était pas rachetable : ma future désertion. Andrew aussi savait qu'il devait repartir définitivement pour l'Écosse.

Je suis partie pour la première fois à l'étranger à la fin de cette année-là, pas comme une citadine ni comme une fille du kibboutz, mais avec une double casquette, dans le cadre du travail, pour accompagner Avital, une fillette du groupe dont je m'étais occupée pendant cette année de conscience. Son père avait fait partie du noyau français, il avait quitté le kibboutz et était retourné à Paris. Il voulait que sa fille vienne chez lui pour les grandes vacances. Elle avait peur de l'étranger, de Paris, de la famille, des *vacances*. Chez nous, il n'y avait ni famille ni *vacances*. Pendant les grandes vacances, on travaillait à temps plein les deux tiers de leur durée, et le reste du temps on le passait dans un camp d'été du mouvement, près du lac de Tibériade ou du Jourdain. Elle voulait que quelqu'un la protège et elle m'a emmenée. Elle m'a accompagnée dans ma désertion, tout comme je l'ai accompagnée voir son père qui avait déserté depuis longtemps. Dans l'avion, elle m'a dit qu'elle se débrouillait bien, mais qu'elle avait besoin de me savoir à proximité. À Paris, son père avait prévu un logement pour moi. Le lendemain matin, je me suis réveillée dans un monde de carte postale : les rues pavées, les réverbères, une beauté nimbée d'une douce lumière grise qui contrastait si fort avec l'ardeur permanente de notre soleil. Chaque matin, je me levais pour aller acheter des croissants.

Pendant le mois où Avital était en vacances avec son père, je suis allée en Écosse, voir Andrew qui était retourné pour de bon à Glasgow, c'est du moins ce qu'il disait. Il m'avait envoyé un billet pour le car de luxe qui faisait le trajet entre Londres et Glasgow. J'ai pris l'autocar, mais je me sentais comme Ayelet qui s'envolait en imagination dans le poème de Kadya Molodovsky que nous aimions tant :

À Varsovie, dans un lointain faubourg
Dans une pauvre maison sur une cour.

Habitait la petite Ayelet
Elle avait une ombrelle violette.

Le père forgeron, de suie tout noir
La mère travaille du matin au soir.

Le toit en pente est vieilli
Dessous, un oiseau dans son nid.

Dedans, une cheminée fumante
Un lit et une table branlante.

Assiettes, casseroles et cuveau
Et un bébé dans un berceau.
[…]
Avec les oiseaux, elle voulait migrer
Ayelet et loin, très loin s'envoler.

La mère l'appelle, sa voix gémit
Et les fenêtres résonnent de cris.
Car le père tout noir de suie
Frappe fort de son lourd marteau

À la maison! Et au trot!
Il faut enfiler les aiguillées
Il faut tout raccommoder

Et les rubans bien attacher
Et les boutons coudre serré

Lire par plaisir, un peu,
Écrire par plaisir, un peu,
Souviens-t'en, car de la maison
Je te chasserai d'ici peu!
Et Ayelet coud les boutons serré
Et enfile les aiguillées
[…]
Ayelet attache les roues entre elles
Elle fait un train magique et irréel

Siffle le train, Ayelet va voyager
Loin, très loin, vers les terres inexplorées.

Dans le luxueux autocar, j'ai tourné la tête pour voir qui m'appelait, qui savait que j'étais là. Et soudain, j'ai compris que personne ne m'appelait pour aller travailler. Personne. Pour la première fois de ma vie, j'étais libre.

J'ai été hébergée dans un immense et superbe appartement restauré où habitaient Andrew, son frère et un autre ami, tous trois artistes et architectes qui avaient refait l'appartement. Ils m'ont donné une chambre rien que pour moi, aux murs dorés, avec un lit ancien aux draps d'un blanc immaculé, garni d'oreillers rebondis. Le plafond était très haut et gravé d'étoiles. J'ai habité avec trois hommes dans cette maison, avec une chambre rien que pour moi, à un étage qui n'était que pour moi. Tout était différent. Ils montaient à la réserve par une échelle pour me descendre une quantité de sucre équivalente à mes trois morceaux habituels. Eux n'en prenaient jamais et détestaient le Nescafé, cette drogue douce de notre vie. Nous allions dans des pubs, au spectacle, voir les maisons conçues et construites par l'architecte écossais Mackintosh. Nous sommes allés à un spectacle à Édimbourg, et ils m'ont emmenée voir leurs parents qui portaient des kilts, et leurs amis architectes. J'étais troublée par leurs embrassades. Chez nous, il n'y avait ni baisers ni embrassades. En ville, quand nous devons le faire, nous retenons notre souffle et exécutons héroïquement une chorégraphie forcée et artificielle. Nous n'embrassons ni nos parents, ni nos frères et sœurs biologiques, ni nos frères et sœurs de notre groupe. Seulement ceux de la ville, et seulement s'il le faut.

Nous discutions jusqu'au petit matin. Un jour, ils avaient commandé des plats indiens et m'avaient demandé, *hot* ou *medium* ? J'avais répondu, *hot*. Ils avaient insisté poliment, c'est sûr ? J'avais dit oui, bien sûr, en pensant, ils sont bizarres ces Écossais. Si c'est chaud, ça refroidira. C'était terriblement épicé, ils ne cessaient de rire de mes erreurs imprévisibles. Je ne connaissais rien à la nourriture, ni à l'anglais. Nous n'étions pas obligés d'étudier. Nous ne savions rien. Ni l'arabe, ni l'anglais, ni l'hébreu.

Sur le chemin du retour, dans la file d'attente pour le ferry à Douvres, quelqu'un m'est tombé dessus en me demandant *"I met you in Ireland, yes ?"* Je l'ai reconnu aussitôt, il avait un ou deux ans de plus que moi et était un des meilleurs constructeurs de tyroliennes de notre mouvement. Même après avoir achevé ses fonctions officielles, il s'était porté volontaire pour en faire d'autres, très longues et complexes, qui partaient de la cime d'eucalyptus près du ciel et descendaient jusqu'au Jourdain.

Je lui ai répondu en hébreu : "On s'est sûrement rencontrés sur une tyrolienne, le même tendeur nous est sûrement tombé dessus, mais on ne s'est pas croisés en Irlande." Il m'a reconnue, et je me suis souvenue de son nom. Shmouel. Il ressemblait à celui qui était descendu en tyrolienne de la tour Eiffel. En short, brodequins, un portefeuille rebondi dans sa poche arrière, un portefeuille qui lui serait volé dans le premier métro qu'il prendrait. Il allait à Paris, m'a-t-il dit, et il n'y connaissait personne. Il n'avait pas où habiter.

Notre appartement n'est jamais le nôtre. Il est à la disposition de tout le mouvement. Et même si Dov, le père d'Avital, avait quitté le kibboutz en désespérant d'y fonder une société nouvelle et progressiste, il savait qu'on ne peut pas dire non.

"J'ai de la place", ai-je dit à Shmouel, pleine de culpabilité à l'idée des conditions que le kibboutz et Dov, le père d'Avital, avaient mises à ma disposition. Je lui ai dit qu'il pourrait dormir chez moi, au cinquième étage, un appartement sous les toits que Dov me prêtait pour un mois, mais pas dans mon lit. Mais en fait, il n'y avait pas d'autre lit, ni même une cuisine. Alors d'accord, avec moi, mais sans me toucher. C'était courant chez nous, entre frères et sœurs du même groupe. Il n'avait pas grandi avec nous, chez Narcisse ou chez Mouette, mais il était exactement comme nous.

Yaël et Haggit.

REMERCIEMENTS À AVRI SÉLAH

Le bulletin et les archives de Yehi'am étaient Avri, et Avri était le bulletin et les archives. Leurs histoires sont intimement liées. Avri a commencé à rédiger le bulletin et à l'archiver en 1946, alors que le kibboutz se trouvait encore à Kyriat Haïm, avant l'installation définitive à Yehi'am. Depuis ce jour et jusqu'à sa mort à Yehi'am, Avri a été le rédacteur du bulletin et a recueilli toutes les notes du tableau d'affichage ainsi que tous les papiers lus par quelqu'un avant même qu'il ait fini de lire. De nombreux camarades préféraient préparer à l'avance une copie de leur discours de peur qu'Avri ne le leur arrache des mains avant qu'ils l'aient prononcé.

Pour les besoins de cet ouvrage, Avri a mis à ma disposition tout ce qu'il avait rassemblé et classé durant toutes ces années, les bulletins et tout le contenu des archives. Il l'a toujours fait avec joie, curiosité et amour pour mon travail. Avri est décédé quelque mois avant la fin de mon livre. Je le remercie de tout mon cœur.

PETIT GLOSSAIRE

Gar'in : traduit dans le texte par noyau. Terme propre au mouvement de l'HaChomer Hatzaïr. Désigne un petit groupe de jeunes ayant un projet communautaire au sein du mouvement.

HaChomer Hatzaïr : la jeune garde. Mouvement de jeunesse sioniste, socialiste, scoute, créé en 1913 en Pologne. Joue un rôle important dans le soulèvement du ghetto de Varsovie. À l'origine de nombreux kibboutzim en Israël. Situé à gauche du mouvement travailliste sur l'échiquier politique, finit par se fondre dans l'union des kibboutzim réunis pour éviter la division.

HaKibboutz HaArtzi : la réunion de tous les kibboutzim de l'HaChomer Hatzaïr, où se prennent les décisions centrales. Traduit par "mouvement national", national étant ici un terme impropre pour désigner *artzi* qui signifie "territorial, sur tout le territoire".

Haver, haverim (pluriel) : ami, relation, traduit ici par "membre" ou "camarade" selon le contexte. Le kibboutz est constitué d'individus dont l'admission à la collectivité est soumise à un vote collectif après candidature de l'intéressé. Une fois admis, on devient *haver*, membre à part entière du kibboutz, en quelque sorte “citoyen” de la petite collectivité.

Ken : nid. Le lieu aménagé par un “noyau”, pour s’y réunir ou y habiter.

Kibboutz, kibboutzim (pluriel) : agréger, mettre ensemble. Au début du XXe siècle, ce sont de petites communautés agricoles qui, avec le temps, s’agrègent et se transforment en microsociétés utopiques agricoles. Le premier kibboutz voit le jour en 1910 en Galilée, à Degania.

Komouna : commune. Réunion d’un petit nombre d’individus qui vivent ensemble et mettent en commun les revenus de leur travail. Les tout premiers mouvements ouvriers venus au début du XXe siècle de Russie, puis de Pologne, s’appelaient des *komouna*. Traduit par “communauté”, pour ne pas confondre avec “la commune” française.

Meshek : intendance, ferme, exploitation agricole. Mais dans le vocabulaire du kibboutz, le mot désigne le kibboutz lui-même. Traduit par “kibboutz”.

Metapelet : soignante, nourrice. Substitut de la mère au kibboutz. Traduit, selon l’âge des enfants, par puéricultrice ou éducatrice.

Mouvement national : *voir* HaKibboutz HaArtzi.

Siha : conversation, échange de paroles. Traduit par “réunion”, désigne la réunion plénière hebdomadaire du kibboutz où se prennent collectivement toutes les décisions.

NOTES

1. Nahum Nir (1884-1968). Homme politique israélien, un des signataires de la Déclaration d'Indépendance.
2. *Had Gadia*, chanson traditionnelle de la fête de Pâque, qui commémore la sortie d'Égypte.
3. Maccabées, plante vivace donnant de petites fleurs rouges. La légende veut qu'elle pousse là où une goutte du sang des Maccabées a été répandue.
4. Murs et tours, en hébreu, *Homa ve migdal*. Il s'agit des premiers fortins en bois qui deviendront ensuite des kibboutzim.
5. *Alhamishmar*, quotidien de l'HaChomer Hatzaïr publié en Palestine et en Israël de 1943 à 1995.
6. Hayim Nachman Bialik (1873-1934) : Le plus grand poète national israélien. Né en Volhynie, il reçoit une éducation religieuse, puis s'engage dans le mouvement sioniste et la renaissance de l'hébreu à Odessa. En 1903, après le pogrom de Kichinev, il écrit son célèbre poème *Dans la ville du massacre* qui lui vaut l'amitié de Maxime Gorki. Il mène une activité intellectuelle intense en Europe et en Russie. En 1924, il quitte Berlin pour la Palestine où il investit toute l'énergie de ses projets culturels et linguistiques. Ses nombreux recueils de poèmes font partie du patrimoine national.
7. Histadrout, le grand syndicat unique de travailleurs du mouvement sioniste.

8. *Moshavim, moshav* (sing.), fermes agricoles formées par quelques familles qui détiennent et partagent leurs outils de production et leurs revenus.
9. Hymne de la Histadrout.
10. Boudionny était un chef de la cavalerie rouge pendant la guerre civile en Russie dans les années 1920.
11. Bahaï, du nom du fondateur *Baha Allah* (gloire de Dieu) : c'est une religion indépendante, qui se veut universelle, constituée de quelques millions d'adeptes éparpillés dans le monde. Son centre spirituel se trouve sur le Carmel, à Haïfa.
12. Hillel Omer, nom de plume Ayin Hillel (1926-1990). Né au kibboutz Mishmar HaEmek, Hillel publie ses premiers poèmes dès 1944. Il part étudier en France, devient architecte paysagiste et continue de publier des recueils de poèmes, y compris pour la jeunesse, où il exprime son rapport passionné à la nature.
13. Yossef Weitz (1890-1972) : Émigre en Palestine en 1903, participe activement à l'achat de terres avant la création de l'État d'Israël. Son fils Yehi'am est tué en 1946 lors d'une opération militaire du Palmach.
14. In *1967* de Tom Segev, traduit de l'hébreu par Katherine Werchowski, Hachette Littératures, 2009, p. 11.
15. Jour du Souvenir honorant les soldats morts pour la patrie.
16. Abraham Herzfeld était un homme politique actif dans la politique d'implantations agricoles au cours des années 1920-1949.
17. Yaacov Hazan (1899-1992) : Figure centrale du mouvement du kibboutz national, il a été l'un des dirigeants du mouvement national, de l'HaChomer Hatzaïr et du parti de gauche Mapam.
18. KKL : Organisation dont la mission était l'achat de terres et le développement de colonies agricoles. Elle fut fondée en 1901 par Théodore Herzl lors du Ve congrès sioniste.

19. Palmach : Force juive sioniste créée sous la Palestine mandataire en coopération avec les Anglais pour combattre les nazis, qui lutta ensuite contre le gouvernement britannique hostile à l'immigration juive en Palestine.
20. *Op. cit.*, p. 9.
21. *Op. cit.*, p. 13.
22. Aliyah : Montée en Israël, immigrer d'un pays étranger en Israël.
23. Sabra : Nom des natifs israéliens comparés à la figue de Barbarie, *sabra*, piquante à l'extérieur, douce à l'intérieur.
24. Ezer Weizman (1924-2005) : Militaire et homme politique israélien. Il fut président de l'État de 1993 à 2000.
25. Egged : Compagnie nationale d'autobus, organisée en coopérative et émanation de l'unique syndicat, la Histadrout.
26. Givat Haviva : Fondé en 1949 et issu de mouvement national des kibboutzim, Givat Haviva est un centre éducatif consacré au dialogue entre communautés, entre Juifs et Arabes. Il promeut des expériences uniques, souvent couronnées par l'Unesco.
27. Kerem Shalom, "vigne de la paix". Kibboutz fondé en 1967, à la frontière entre Gaza et l'Égypte, pour œuvrer au rapprochement entre Juifs et Arabes. Formé d'une centaine de membres, il est issu du mouvement de l'HaChomer Hatzaïr.
28. Tnuva est une grande marque de produits laitiers, à l'origine issus du kibboutz, et dont le syndicat ouvrier, Histadrout, est le propriétaire.
29. *Nidda* : Période des règles de la femme, pendant lequel tout rapport sexuel est proscrit. Les Juifs religieux font lit à part pendant la durée de *Nidda*.
30. Bloc de la Foi : De l'hébreu *Goush Emounim*, mouvement religieux messianique, issu de la guerre de Kippour en 1973 et prônant la création de colonies dans le "Grand Israël" biblique qui s'étend aux territoires occupés palestiniens.

31. Meir Pa'il (1926-) : Grand militant pour la paix, personnage marginal, chef d'un petit parti, le Maki, disparu en 1977.
32. Meir Yaari (1897-1987) a été l'un des dirigeants du kibboutz Artzi, de l'HaChomer Hatzaïr et du parti de gauche Mapam.
33. Haïke Grossman (1919-1996) : Leader sioniste, ancienne combattante du ghetto de Bialystok, députée à la Knesset pour le parti Mapam.

OUVRAGE RÉALISÉ
PAR L'ATELIER GRAPHIQUE ACTES SUD
REPRODUIT ET ACHEVÉ D'IMPRIMER
EN MARS 2015
PAR NORMANDIE ROTO IMPRESSION S.A.S.
À LONRAI
POUR LE COMPTE DES ÉDITIONS
ACTES SUD
LE MÉJAN
PLACE NINA-BERBEROVA
13200 ARLES

DÉPÔT LÉGAL
1re ÉDITION : AVRIL 2015
N° d'impression : 1501140
(Imprimé en France)